佐高 信
浜 矩子

JN177578

大メディアの報道では絶対にわからない

どアホノミクスの正体

講談社+α新書

はじめに

浜　矩子

「アメリカの大統領がトランプになって、この本は、いっそう、その重要性を増した」。本書の「おわりに」で佐高信さんがそう書かれている。まったくそのとおりだと思う。グローバル社会の頭上に、今、重苦しき暗雲が垂れ込めている。この暗雲に圧殺されることなく、清く正しく勇ましく、そして優しき日々を生き抜きたいと考えられている皆さん、本書は皆さんのための本です。もしも、本屋さんの店頭でこのページを眺めておいでの段階でしたら、どうか、そのままレジへ！

売り込みはともかく、我々の上にのしかかるこの暗雲は、一体何物か。その主成分は誇大妄想と時代錯誤と幼児的凶暴性だ。この三要素の結晶体のごとき男たちが、今、我々の眼前でうごめいている。かたや、妖怪アホノミクス。かたや、ミスター・トランペリー。

Donald Trumpのtrumpのあとろにeryをつけるとtrumperyになる。これでトランペリーとなる。このトランペリーの意味を辞書で引けば、次の通りだ。「見かけ倒しの無価値な物、くだらない物……がらくた」。ね？　名は体を表す。

幼児的凶暴性の「幼児的」の部分は幼児に失礼で申し訳ない面がある。だが、徹底的な自己中心性、そして、その自己中心的な欲求が満たされないと怒り狂う性癖が、幼児的なものであることは間違いない。大人になればなるほど、これらを制御し、抑制し、他者と協調できるようになっていく。それが生きることの素敵なところだ。

誇大妄想が時代錯誤と合体する。これほど、恐ろしいことはない。この合体が完結すると、何が起こるか。次のようなフレーズが出現してくる。すなわち「強い日本を取り戻す」。そして「アメリカを再び偉大にする」。

思えば、誇大妄想には、おのずと、時代錯誤と合体しやすいところがある。なぜなら、誇大妄想は、基本的に幻影だからだ。今という現実のなかで、誇大妄想が成就することはない。明日という展望のなかで、結実することも決してない。だから、昔にあこがれる。強かった日本。偉大だったアメリカ。そして、そのあこがれの過去さえ、本当の過去ではない。妄念が生み出す偽りの過去である。

妄念が生み出す偽りの過去に立ち戻る。この思い込み的熱病に浮かされた者たちが、グローバル社会のなかを跳梁跋扈《ちょうりょうばっこ》する。この事態は実におぞましい。そして実に危険だ。彼らが振りかざす偽りの救いのメッセージに惑わされてはいけない。強くなれる。偉大になれる。これらの言い方は、虐げられし人々、不安なる人々、疲れ果てた人々にとって、妙《たえ》なる調べに聞こえてしまう面がある。だから、安倍支持率が下がらない。だから、トランプが大統領になる。

とても気になることが、一つある。それは、この毒々しい妙なる調べの低音部だ。そこでは、「反グローバル」のゴロゴロ音が鳴り響いている。詳しくは本書第3章をお読みいただきたいのだが、私はグローバル時代とは地球規模の支え合いの時代であるべきだと思っている。ところが、ゴロゴロ様がイナビカリとなって、地球社会をズタズタに切り刻んでいく。そうなることを、我々は絶対に阻止しなければならない。それに失敗すれば、万事休すだ。

グローバル時代を生かすも殺すも、我々次第なのだ。すべては人間の知恵に託されている。時代というもの自体には、善も悪もない。グローバル時代そのものは、救世主でもなければ、疫病神でもない。この時代を我々がどう生きるか。地球規模の支え合いを実現できるか。それによって、この時代の住み心地が決まる。地球社会を誇大妄想と時代錯誤と幼児的凶暴性が思うままに切断し、分断し、粉砕してしまうのか。それを許さない我々の大人の感性が融和と連帯をもたらすのか。

結果は、もちろん、後者なのだと確信する。今回、佐高さんとの対談デビューを果たさせていただいたおかげで、その確信が一段と深く、一段と揺るぎなきものとなった。僭越《せんえつ》ながら、我々には一つの大きな共通項があると感じた。それは、素直な怒りだ。素直な怒りは、幼児的凶暴性の対極にある。大人の怒りだ。

幼児的凶暴性は、実を言えば、とても防御的だ。自分が攻撃されたと思うと、パニックに陥ってしゃにむに反撃する。やられたと思って、必死でやりかえす。被害妄想に基づく自己防衛だ。これがすぐ前面に出てくる人とは、まともに議論などできない。

幼児的凶暴性が防御的なら、素直な大人の素直な怒りは攻撃的だ。ひるむところがないから、打って出やすい。自己防衛に足を取られないから、力強く前進できる。かくして、向かうところ敵なし。……などと、あまり調子に乗っていると、それが落とし穴となって、奈落の底に落ちてしまう。素直な怒りは、素直な自省に裏打ちされていなければいけない。素直な自省とは、すなわち謙虚さだ。そして、陽気な自嘲だ。陽気な自嘲も大人の感性だ。

今回の対談も実に陽気だった。実に多くの笑いに満ちていた。素直なりし者たちの陽気な高笑い。これが、暗雲を蹴散らかす。皆さん、一緒に笑いましょう！

二〇一六年一一月

どアホノミクスの正体◉目次

はじめに　浜　矩子　003

第1章　アホノミクスは戦争国家をつくる政策である

アホノミクスという幽霊の正体　014
中央銀行の本分を忘れた黒田総裁　017
中央銀行家の仕事とは何か　020
安倍復権こそ自民党の大罪　023
タカ派は人より国家に目が行く　025
三菱東京UFJ銀行の「英断」　028
「マーケット」のいかがわしさ　031
新自由主義とは新統制主義である　034
いちばん真っ当な中央銀行は？　037
達成する気のない物価上昇率二％　040
GDP六〇〇兆円で戦争国家に　043
焦りだした「チームアホノミクス」　046
野党は本質的な批判をせよ　048
政権が目論む「働かせ方改革」　050

第2章　貧困が抵抗に向かわず、独裁を支えてしまう理由

「トランプ勝利」が意味するもの　054
ヒラリーの敗因　056
公助嫌いのアメリカン魂　060
サンダース登場の背景を考える　063
弱者が弱者を叩く構図　065
「豊かさのなかの貧困」という問題　068
人はなぜ税金を払うのか　070

第3章　人間と人間の出会いとしての経済

食料自給率と戦争の関係　074
「グローバル」を再定義する　076
国境を「超える」ということ　078
国が第一か、生活が第一か　080
「日本会議」を誇大視するな　082
「とくし丸」に見る経済活動の原点　084
無頓着の連鎖が大破綻を生む　088
「ラストワンマイル」の重要性　090

第4章 地域通貨が安倍ファシズムに反逆する

言語の統一と通貨の統一 094
エスペラント語は何を目指したか 096
単一通貨と共通通貨 098
仮想通貨の生みの親はケインズ 100
格差が地域通貨を生み出す 103
すべての通貨は仮想である 105
偽物化する日本 108
経済からしっぺ返しを喰らう 110
政権とメディアが使う「業界用語」 113
日銀内部から反乱を起こせ 116

第5章 マルクスの『資本論』は現代にも有効か

城山三郎は哲学的に経済を見た 122
バブル崩壊のメカニズム 124
グリーンスパン元議長の罪 127
経済学を目指した原点 130
竹中平蔵はゼミの二年先輩 132
経済学者たちの自主規制 134
「トリクルダウン」の本当の意味 137
野党の役割は徹底した批判でいい 139

要人は足を引っ張られて当然 141
頭ではなく、本能的に考える 148
マルクスは革命家ではない 144
『資本論』が描くブラック企業の姿 150
日本とイギリスの地勢的類似 146
官僚こそ無責任の最たるもの 152

第6章 「反格差」「反貧困」思想とキリスト教

「規制緩和」という罠 156
無関心こそが悪 166
ゴーン礼讃が一つの転機 158
「いいかげん」と「良い加減」 168
人のために泣けるか 160
稲田朋美の涙を叱る 171
イエス・キリストの戦闘性 163

第7章 安倍晋三は大日本帝国会社の総帥か

若い男子に支持される安倍政権 176
SEALDs的なるものの未来 178
役割仮面社会とアホノミクス 180
企業には社会的責任がある 182

誰のための同一労働同一賃金か　185
若者よ、知性を解放しよう　187
単なる記録装置になった記者　190
メディアが見逃した「安倍の言葉」　192

第8章　アホノミクスをどう叩きのめすか

グローバル市民主義が世界を救う　198
市民は皆、クレーマーたれ　200
怒りを失くした労働組合　203
怒れないのは知性の荒廃　205
あらゆる闘争を集約せよ　207

おわりに　佐高　信　213

本文写真／時事通信フォト
共同通信社
講談社写真資料室

第1章　アホノミクスは戦争国家をつくる政策である

アホノミクスという幽霊の正体

佐高　今井尚哉《たかや》という内閣総理大臣秘書官がいるでしょう。通産官僚出身で安倍晋三の側近中の側近、現政権が「経産省内閣」であることを象徴する人物の一人だと思いますが、この男がアベノミクス批判はやってもらったほうがいいと言ったことがある。そのほうが安倍が本当にやりたい安全保障政策から国民の目を逸らせられるからだと。つまり、アベノミクスには実体がないということを政権側も認めている面がある。私たちにとって難しいのは、アベノミクスは実体のない幽霊みたいなものだと指摘しつつ、その実体のなさが、どんな大きな企《たくら》みのなかに位置づけられているかを批判しなければいけないということがあります。

日銀総裁の黒田東彦《はるひこ》が二〇一六年九月二一日、アベノミクスの「総括的な検証」の記者会見で、「柔軟性や持続性を確保するために、（金融緩和を）さらに強化して長短金利操作付き量的・質的金融緩和にした」と発言した。これまで進めてきた金融政策を抜本的に転換する発言で、端的にアベノミクスの失敗を意味しているわけですが、安倍はむろんのこと、黒田自身もそのことを理解しているとは思えません。問題をどんどん先送りして、責任から逃れているだけではないか。

私たちはアベノミクス自体を批判するとともに、こういった愚劣かつ狡猾《こうかつ》な旗振り役たちの種々の動きと発言に批判も加えていかなければならない。極めて厄介です。

浜　厄介だというのは誠におっしゃるとおりです。たしかに私も「妖怪アホノミクス」という言葉を使って、その得体の知れなさ加減を指摘してきました。しかし、なぜ得体が知れないのか、そこが重要です。幽霊の正体について、私は去年からよくわかった気がしているんです。佐高さんが引かれた今井尚哉の言葉は、アベノミクスは安保政策の煙幕だということだと思いますが、安倍自身が、アベノミクスと外交政策は表裏一体だと明言しました。

二〇一五年四月二九日、笹川平和財団米国でのスピーチで安倍はこう言っている。「(日本経済は)デフレから脱却をして、経済を成長させ、そしてGDPを増やしていく。それは社会保障の基盤を強くすることになりますし、当然、防衛費をしっかりと増やしていくこともできます」。その言葉を聞いて私は、幽霊の正体が軍備増強と富国強兵であることが明確にわかりました。アベノミクスは幽霊ではあるが、正体がある。私はこれまでも安倍の目的は軍備増強と富国強兵だと言ってきましたが、それが単なる推測でなく、アホノミクスの親分である安倍自身がそれ

安倍晋三首相にぴったりと寄り添う今井尚哉秘書官（右）

をはっきりと表明した。いきなり結論めきますが、私たちの批判の照準はここに絞られるべきです。

また、GDPを増やせば国防費を増やせると言った安倍が、目下GDPを六〇〇兆円にまで増やすことをあからさまに目標として掲げています。この脈絡もきわめて明確です。アベノミクスは実体がないのでもないし、煙幕でもない。軍事化という真意から目を逸らすための煙幕だという言い方が、今井のように政権内部からも、逆に批判派からもなされますが、しかし煙幕よりももっとたちの悪いものだと思います。

本質的には、大日本帝国に立ち返り、大日本帝国憲法の世界に戻ろうとする悪だくみの明確な一環、有機的な歯車をアホノミクスは形成している。そのことから私たちは片時も目を逸らしてはいけないし、目を逸らされてもいけない。GDP六〇〇兆円だと威勢のいいことを言って国民を喜ばせようとしているわけではない。その読みは実に甘いと思う。国民を踊らせ、戦争国家の経済的土台形成を実現するための濁流のなかに、国民を引きずりこもうとしている。そのことを理解すべきです。

その先棒担ぎを黒田日銀がやっている。もはや日本には金融政策はなくなった。日銀はチームアホノミクスの中央銀行支部になっていると言わざるをえません。中央銀行というものがもとより絶対にとってはいけない立場を自ら選んでしまっているがために、金融政策との辻褄《つじつま》がどんどん合わなくなってきている。今度の「総括的な検証」だって、下手な手品師が難しい手品をやろうとして窮地に追いつめられているような状態です。従来からおいでになる日銀スタッフの皆さんが、どんなにつらい思いをされていることか。胸が痛みます。

中央銀行の本分を忘れた黒田総裁

佐高　なるほど。戦争国家という鎧《よろい》があって、アベノミクスは鎧を隠す煙幕というよりも、もはや一体のものだと。

浜　もともと煙幕ではなくて、はじめからアホノミクスは鎧の確固たる一部だったと思うのです。もはや日銀も鎧の一部です。大日本帝国式の鎧自体の蝶番《ちょうつがい》的な役割をアホノミクスは果たしている。アホノミクスはアホなだけではなくて、きわめて邪悪なものだと見定めておく必要があります。

佐高　かつて城山三郎さん［一九二七―二〇〇七。作家。経済小説のパイオニア的存在。組織のなかの人間の気骨を描いた］が『小説日本銀行』を書いた。そこでナチスドイツ政権下にドイツ帝国銀行の総裁であったヒャルマル・シャハトについて触れている。ヒトラー政権の軍事費が増大したことでインフレが起きているとして、シャハトらドイツ帝国銀行理事たちは軍事経済の中止をヒトラーに訴えた。そのためシャハトはドイツ帝銀総裁職を解任され、のちにヒトラー暗殺未遂事件への関与が疑われて強制収容所に送られた。今の日本もそういう段階に達しているということですね。しかし黒田は、シャハトのごとく死刑宣告を受けるような抵抗を見せるどころか、完全な手下になり下がっている。

浜　ゲッベルス［一八九七―一九四五。ドイツの政治家。ヒトラーと出会い、ナチス政権下で宣伝大臣を務めた］とゲーリング［一八九三―一九四六。ドイツの政治家、軍人。ヒトラーに惹かれてナチス党に入党、ヒトラーに次ぐ国家元帥となった］を兼ねていると言ってもいい。宣伝もやれば、実務的な役割もこなす。城山さんの『小説日本銀行』は中央銀行業の本質を突いています。中央銀行は通貨価値を守るという役割を担うがゆえに、民主主義のための最後にして最高の防波堤としての役割を担う。そのことを城山さんはよくわかっておられた。実際に世界史を振り返るとそのとおりですよね。

　世界史的に見れば、ごく最近においても、中央銀行と権力との攻防は発生しています。例えば、ベルリンの壁が倒れた後のポーランドで、中央銀行の総裁が政権と対峙して危ういところに追い込まれたこともありました。

　このような事例との対比で言えば、黒田総裁はチームアホノミクスが送り込んだ総裁です。そもそも、黒田総裁は中央銀行業の何たるかを少しでもわかるようなキャリアをたどっているとは言えませんよね。所詮《しょせん》は政権の回し者だとしか思えない。かつて中央銀行には中央銀行業の本分に忠実であろうとし、政府と必死に闘っている人がけっこういました。今の日銀においては、やっぱり必死で闘っているのか、あるいは、もう辞めているのか。面従腹背で何とか頑張っている人もたくさんおいでなのでしょう。

そういう人たちの頑張りにもかかわらず、もはや、日本銀行は外から移植されたチームアホノミクスの一部分と化しつつある。こんな状態はいまだかつてなかったのではないでしょうか。

佐高　かつて私は『文藝春秋』に「大蔵省vs.日銀の暗闘」という記事を書いたことがあります。三重野康さんが総裁だった頃（一九八九〜一九九四年）、公定歩合について「下げの大蔵、上げの日銀」と言われていた。つまり日銀は通貨の価値を守るために、市中にお金がばらまかれないようにする。大蔵省は政府の意向を受けて予算をばらまく。私は「三重野鬼平」と名づけて三重野さんの抵抗を描き、日銀の尻を叩きました。あの時期はまだ日銀のなかに抵抗する力があった。日本銀行の独立性についてさんざん議論されて、日銀のトップに大蔵次官が天下るのを防ぎつつ、日銀と大蔵省は輪番制やたすき掛けで主導権を回していくというやり方だった。今は完全に大蔵省（現・財務省）が乗っ取ってしまいましたね。

浜　財務省ではなく官邸だと思います。今の状態は官邸の日銀乗っ取りです。役所の影響力という意味で言えば、むしろ経産省の支配というイメージです。佐高さんが最初におっしゃったように、安倍に近いのは経産省ですから。だから財務も外務も蚊帳《かや》の外に置かれた状態のように見えます。思えば、黒田総裁の発想はどうも経産省的です。黒田総裁は財務官でしたけど、経産省的な発想に乗りやすい人だから今の立場になったということかもしれませんね。

白川方明《まさあき》さんが日銀総裁だったとき（二〇〇八〜二〇一三年）までは、政府と日銀がそれなりに二人三脚の関係で、どちらかというと「いい刑事・悪い刑事」コンビの感じがありました。片方が「お前がやったんだろ！」と強面《こわもて》にふるまい、もう片方が「カツ丼食う？」と甘い顔を見せる。でも今は両方が「カツ丼食う？」になってしまっている。

中央銀行家の仕事とは何か

佐高　緊張関係がなくなり、日銀は完全に政権と一体化してしまった。浜さんは城山作品に即して、中央銀行を「民主主義の最後の防波堤」と規定されましたが、防波堤が決壊して濁流に呑み込まれたという意味で、今の日本社会は完全にファシズムの時代に入ったと言ってもいいのではありませんか。

浜　おっしゃるとおりだと思います。いみじくも、二〇一六年七月二八、二九日の金融政策決定会合後の記者会見で黒田総裁は、日銀が政権に甘い顔をすることを「ポリシー・ミックス」だと言わんばかりの発言をしていました。日銀が政府に言われたことを後押しするのがポリシー・ミックスとは何事か。政権と拮抗《きっこう》して牽制役を果たすことが、通貨価値の番人たる中央銀行の役割であり、ひいてはそれが民主主義を守ることにつながる。その関係が完全

に崩されてしまった今、日銀は国債をせっせと買い込むことを本務だと心得えているように
しか見えません。いまや、政府の専任金貸し業者と化してしまっている。まさにファシズム
下の風景を目《ま》の当たりにしているイメージです。

佐高　速水優《まさる》さんや白川さんは頑迷固陋《がんめいころう》で使えないからと、特に自民党の政治家筋から敬
遠された。つまり逆に言えば、彼らは日銀総裁として、通貨価値を守るための独立性を発揮
していたということですね。

浜　そのとおりです。中央銀行家は頑迷固陋こそが職分だと考えるべきです。

佐高　職業的心配屋という言葉があります。

浜　宴もたけなわのときに酒を回収するのが中央銀行家の仕事なのです。かつて、FRB
（アメリカの中央銀行にあたる米連邦準備制度理事会）の第九代議長（一九五一〜一九七〇年）だ
ったウィリアム・マクチェズニィ・マーチンが「パーティが盛り上がり始めたら、参加者か
ら不満が出てもパンチボウルをさっさと片付けること」が中央銀行家の仕事だと述べまし
た。これこそが、中央銀行家としての真っ当な自己認識だと思いますよ。

佐高　一時は竹中平蔵が日銀総裁になるという話もあった。こうなってみると、竹中と大し
て変わらない黒田がなってしまったという話ですよね。

浜　多少図々しさに違いがある程度ですね。

佐高　どちらのほうが図々しいですか。

浜　竹中平蔵のほうが遥《はる》かに。黒田総裁は若干うろたえた雰囲気がたまに出る。一方で竹中平蔵にはいけしゃあしゃあと人の痛みを無視できそうな雰囲気がある。

佐高　亀井静香が言っていました。安倍は経済のことをまったく知らず、愛国を訴えていればいいと言われて育ってきた政治家だ。それを自分がいちばん知っている、と。だから簡単に頭を竹中に占領されてしまったのだと。新幹線の車中で亀井に偶然会って、新大阪から東京まで二人並んで喋って帰ったんですが、安倍が竹中の子飼いに過ぎないことを彼はひどく心配していた。今はタカ派の富国強兵路線と竹中的な新自由主義がミックスしてしまった最悪の状態です。

浜　最も毒性の高いブレンドになってしまっている。安倍みたいな人が出現すると、そこに悪知恵が利く有象無象《うぞうむぞう》がそれぞれの思惑を持って集まってくる。これは古くからある現象です。まさにヒトラーがそうでした。ゲッベルスやゲーリングなど、それぞれ魂胆と下心を持った者が、ヒトラーを押し立てれば自分の企みが実現できると思って接近してくる。そして毒性がいっそう高まっていく。今、私たちはその現象を目の当たりにしている。竹中平蔵なんて、邪《よこしま》が歩いているイメージがどうしても前面に出てくる。

佐高　私より手厳しいですね（笑）。

安倍復権こそ自民党の大罪

浜　出世志向や権力志向が非常に強い人たちが安倍的人間像の周りに集まる。世耕弘成《せこうひろしげ》なども含めて、彼らを新自由主義集団と総称していいと思いますが、新自由主義を突き詰めていくと実は全体主義になるのだと思います。新自由主義と新保守主義は表裏一体、一つのものの表裏です。強い者が勝てばいいと言っている人たちが、自分たちは強い者でありたい、強い者を結集して大日本帝国を構築したいという、偽りの自己本位的愛国で固まっていく。そこに、絶好の機会とばかりに下心集団が引き寄せられてくる。蠅取り紙にたちの悪い蠅が集まってくるような光景ですよ。

日銀総裁説もあった竹中平蔵氏

佐高　蠅取り紙はとんと見かけなくなりましたが、わかりやすい表現です。新自由主義が全体主義につながるというのは極めて重要な指摘だと思います。浜さんの話を聞きながら、『経済戦犯――日本をダメにした9人の罪状』（徳間書店）という、自分が昔書いた本を思い出していました。自分で責任を取らない奴ほど、自己責任を他人に求める。自分は自らの手を汚さなくていい地位にいて、責任を人に押しつける。今、自己責任を声高《こわだか》に言っている奴こそ、ひどい現況をもたらした戦犯でしょう。

浜　自己責任を取らないでいい立場に身を置く。その立場から人を糾弾し、人権を奪っていく。それが全体主義者であり、これがファシズムの構造そのものですよね。だから弱肉強食を地で行く新自由主義の考え方は、格好の武器をファシストたちに与えてしまっています。

佐高　例にも挙げたくないほど小物だが、辛坊《しんぼう》治郎《じろう》というニュースキャスターが、かつてイラク日本人人質事件の被害者に対して自己責任論を展開し、救助費用を税金でなく自費で払えと言った。その数年後、彼はヨットで太平洋横断中に遭難して海上自衛隊に救出されたが、そのときあの男は自分には自己責任論をまったくあてはめない。自分は責任を取らなくていいという作法が簡単に復権してしまっている。

浜　安倍自体がそうです。一度あんな体《てい》たらくで辞めたのに、また復権してしまった。あれは自民党の大罪でもありますね。それこそ亀井静香さんは何をされていたのか。今、自民党内で野中広務さんや古賀誠さんなどの大御所が遠吠え的に安倍政権批判をしていますが、彼らが安倍政権という毒を生み出してしまったことも事実です。この責任をどう取るのかと思います。彼らは本当の悪ではないが、安倍の再出現を許したことについて厳しく問いたい。

佐高　加藤紘一［一九三九―二〇一六。政治家。改憲反対、アジア平和外交などを主張し、自民党内のリベラル派と呼ばれた］と私は同郷で、ある一定の距離を持ちながらつき合ってきました。加藤が亡くなったのは、自民党にリベラルの火が消えたことの象徴です。彼の葬儀で安倍が弔辞を読むことになって、私は葬儀に行かなかった。安倍の弔辞を聞いて加藤を悼《いた》むというのは、加藤自身の意志にも反している。

浜　加藤さんは化けて出たくなったのではないでしょうか。

佐高　加藤紘一は藤沢周平と同じ鶴岡出身者で、おたがいに近しい人がいた。でも加藤は最後まで藤沢さんに会おうとはしなかった。自分は政治の世界にいて、藤沢さんは文学の世界の人間だから、みだりに近づけばいいというものではないと考えていたんです。加藤はそういう抑制のある人でした。安倍のように何にでも図々しくしゃしゃり出る人間ではなかった。

タカ派は人より国家に目が行く

浜　それもチームアホノミクスの特徴ですね。節度と言いますか、踏み越えてはいけない一線を意識する知性や品位があらかじめ欠落している。だから平気でスーパーマリオの扮装で登場したりするんです。あの節度のなさでこの国をどこへ持って行くつもりなのか、恐ろしい限りです。

佐高　安倍の祖父が岸信介《のぶすけ》［一八九六―一九八七。政治家。元首相。「昭和の妖怪」と呼ばれ、タカ派的姿勢で知られる］で、岸に対抗した人として石橋湛山《たんざん》

［一八八四－一九七三。政治家、ジャーナリスト。元首相。自民党内の保守リベラルの源流とも言える存在］や池田勇人《はやと》［一八九九－一九六五。政治家。首相として所得倍増計画を掲げ、高度経済成長を牽引した］ら、保守リベラルの流れがある。のちの加藤らにつながる一派ですが、彼らは積極財政派と言われました。金融政策だけで景気の良し悪しをコントロールするのは難しい。あくまで財政と両輪で動かしていくもののはずです。ところが今は金利の上げ下げだけで帳尻を合わせようとしている。これは帳簿の付け替えみたいなものでしょう。

浜　池田勇人は積極財政の権化《ごんげ》のように位置づけられていますね。ですが、そうであることが求められる場面はある。戦後の日本経済は焼け跡から立ち直ることを必要としていたわけで、そのためには経済活動の規模を大きくしていくことが求められた。さもなくば、せっかく平和が到来したのに国民は飢え死にしてしまう状況でしたから。極論的に言えば、日本人の基本的人権である生存権を保障するためにも、高度成長に向けて勢いをつけることが必要だった。それが当時の時代状況でした。ああいった状況であれば成長政策が正当化される。どういう状況の下で積極的財政や成長戦略が必要になり、正当化されるのか。その見極めが肝心です。

佐高　振り返ると不思議に思えますが、石橋や池田などのハト派が積極財政的で、福田赳夫《たけお》をはじめタカ派は緊縮財政的ですよね。

浜　ハト派は人に目が向いていて、タカ派は国に目が行っていたということでしょうね。日本人の生存権がしっかりと保障される状態を早く実現しなければいけないという発想と、日本国を早く強くしなければいけないという発想の根本的な違いが、あの時代にはそういうふうに出たわけです。

佐高　角福戦争というのはまさにその闘いだったという気がします。石橋が池田を可愛がり、池田が田中角栄を重用するという流れがあった。もう一方で、池田に徹底的に反抗するのが福田だった。タカ派の流れは、上を向くと岸がいて、下には安倍がいる。

浜　タカ派とハト派の経済政策の方向性の違いと、その歴史的潮流を押さえ直すというのは、ぜひとも必要なことでしょうね。それとやはり、当時は政府と日銀の役割分担が機能していた。政府のほうは積極財政でいくから、金融のほうは日銀が締めるべきところは締めてくれと。政府は口うるさい人がしかるべきときに叱ってくれることを期待して、だから突っ走るんだと決められた。まさに厳格刑事と軟弱刑事のような、金融政策と財政政策の絶妙なコンビネーションになる。しかしいまやコンビネーションはなく、完全な主従関係になってしまっている。さら

リオ五輪閉会式の「安倍マリオ」

に言えば、そこで主導権を握るのが財政というよりは政府であり、政府というよりは官邸になっているのが由々《ゆゆ》しき問題です。

さらに悪いのは、その主従関係のなかで帳簿の付け替えがいくらでもできるということです。都合が悪くなったら日銀に「付け替えておいてくれ」というかたちで、官邸は問題を丸投げし、日銀はその言うことを聞く。国債が市場に出たら数分後には日銀が全部買うというような付け替えをおこなっている。それでも、まだ日銀による国債の直接引き受けをやってはいないから、制度的にぎりぎりの裏口的な帳簿の付け替えに留まっています。しかし、いずれにせよ、日銀の手元に不良債権がどんどん溜まっていく。

佐高　国を挙げて、せっせと不良債権を作っているようなものです。

三菱東京ＵＦＪ銀行の「英断」

浜　一方、このところのプラス面での大きな変化としては、久方ぶりに元三菱銀行が頑張っていますね。二〇一六年七月に三菱東京ＵＦＪ銀行が国債のプライマリー・ディーラーを返上した。それによって、他の大手金融機関も国債を必要以上に買わないと言える勇気を与えられたと言えるでしょう。国債はマイナス金利で損するからだと、銀行が公然と言えるようになったのです。ここまで来ると、裏口からの帳簿の付け替えに限界が見える。

発行済み国債の36%を日銀が保有

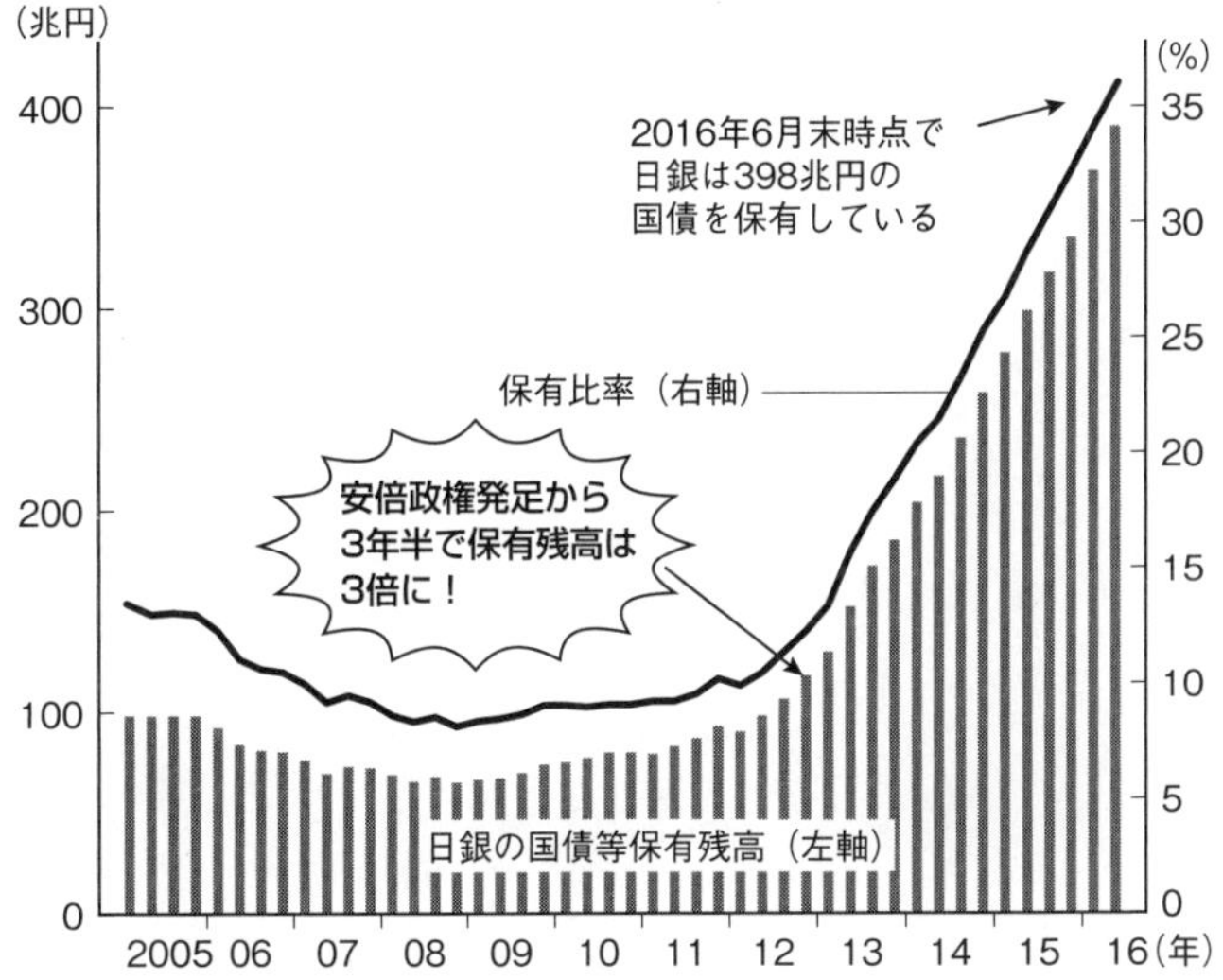

すると政権側からは、公式に制度としての帳簿の付け替えに踏み込もうとする姿勢が見えてくるようになりました。どうも、その地ならしのために、「ヘリコプターマネー」という言葉をやたら流行《はや》らせようとしたフシがある。アベノミクスという言葉を世の中に流布させたときと似ています。ヘリコプターマネーという言葉に皆が慣れたら、次は禁断の日銀による国債の直接引き受けを打ち出す。その時点では世の中は「ああ、ヘリコプターマネーね」という感じで受け流す心理に陥ってしまっている。その足場作りとして、この言葉を流行らせようとしていたのではないかという気がします。

これはメディアとしては扱いが難し

い。この得体の知れない言葉はどういう内容か、出自はどこか、そもそもどういう意味だったか、今どういう使われ方をしているか。それを徹底的に精査して暴くのがメディアの重要な役割なわけですが、それをやればやるほど、この言葉の定着を手助けしてしまうことになる。ヘリコプターマネーという言葉を流行らせるための先棒担ぎ役をやらされないように気をつけながら、その内実を暴いていく。そうしたジャーナリズムの真価が問われるところでしょう。もっとも、ヘリコプターマネーに関して言えば、あまりにも大騒ぎの対象となったこともあって、普及大作戦はひとまず一休みとなったようですね。次に何が出てくるか。引き続き要警戒です。

佐高　まさに言葉が実体を隠す。不良債権は、英語ではバッド・ローン（Bad loans）と言いますね。バッドは「不良」よりも強い意味でしょう。

浜　「悪質債権」と訳すのが適切でしょうね。

佐高　そのあたりの言い換えが日本の官僚はずる賢い。盗聴法を通信傍受法と言い換える。メディアのほうも、盗聴法と書くなと政府に言われたら、翌日から一斉に通信傍受法と書く。ヘリコプターマネーだって、オスプレイマネーと言えばわかりやすい。あれはバタバタ墜落していますから。

浜さんがおっしゃったことで思い出したのが、一萬田尚登《いちまだひさと》です。池田勇人が大蔵大臣だったとき、日銀総裁だった一萬田は法王の異名を取った。良し悪しは別として、法王と呼ばれる絶対的な存在が生み出す緊張感があったから、通貨を簡単にいじることはできなかった。その権力が強すぎたからこそ、逆に切り崩されたとも言えますが、それによって日銀の独立性を守る日銀法制定にも結びついた。今はその日銀法も無視されています。

浜　事実上、法律を日銀自ら返上している状態ですね。「政府の財政支出と中央銀行の金融緩和が同時に進めば、景気刺激効果がより強大になる」と、政府と日銀の「ポリシー・ミックス」を黒田総裁が強調しました。ポリシー・ミックスという言葉のこの使い方は、「日銀が政府の言うことを聞いて、政府の仕事をやりやすくしてあげるのです」と言っているようなものです。完全に腰巾着《こしぎんちゃく》化している。本来、違うものを混ぜ合わせるからミックスと言う。だから結果として、ほどよくブレンドされるわけです。しかし今は政府と日銀はすでに同質になってしまっていますから、ミックスもへったくれもなくなっている。

「マーケット」のいかがわしさ

佐高　彼らがよく言う「マーケット」という言葉も、ある信号を発していますよね。「マーケット」は、民間に独立した良きものとして、絶対的に人格化されている。

浜　危険な言葉ですね。「マーケット」という言い方をすることで、金に人格を与えてしまう。「マーケットが求めている」「マーケットの言うことを聞かなければ」「マーケットとの対話」という言い方がなされますよね。あたかも「マーケットさん」や「市場さん」という人がいるかのごとくに。安倍政権は、自分たちは市場との対話の達人であるから、自分たちの思惑どおりに株も上がれば円も下がるのだと思い込み、特にアベノミクスの初期はこの言い方で人気を煽《あお》ろうとしていた。

かつての中央銀行は、むしろなるべく市場との対話をしないことが節度でした。今でもそれでいいはずです。しかし、これは日本だけでなく世界的に言えることですが、中央銀行も説明責任を果たすべきだという風潮が広がってしまった。「マーケット・ダイアローグ」とはアメリカから始まった言葉で、市場との対話力が中央銀行の能力を評価する基準になった。市場との対話を全面的に受け入れてしまうのか、それはさておき中央銀行の本筋はブレずに保ち続けているのか。この観点から今日存在する世界の中央銀行をランキングすれば、今の日銀はまちがいなく最下位ですよ。政府べったり、市場べったりで、通貨の番人としての位置づけなど忘却の彼方《かなた》ですね。黒田総裁はもともとその意味がわかっていなさそうだし、「通貨の番人」たらんとして総裁の地位についたわけでもないでしょう。

佐高　まずマーケットそのもののいかがわしさがあり、さらに国債を日銀がどんどん買っていった場合に、そのマーケットの発するサインさえ作られたものになっていく。マーケットのサインは、すでに彼らがコントロールしたものですよね。

浜　たしかに。国債に関して言えば、実は市場はほぼ存在しない。限りなく割当引き受けに近い状況になりつつありました。ただ、面白いもので、マイナス金利に踏み込んだ途端にそれが崩れた。さすがに国債が買うと損するシロモノになった時点で、皆がついていけなくなったわけです。これまでずっと言われ続けてきたことで、私もよく質問されることがありまです。「日本の公的債務の残高はGDPの二倍で危機的だと言われるけれど、でもそれは違うのではないか。なぜなら日本の国債は九五%は日本人が持っているからだ。日本人が日本の国債を買わなくなるわけはないし、いわんや売るなどということはない。だから、日本はギリシャのように財政破綻に陥ることはないのではないか」と。

ところが、日本人だから国債を買い控えたり、手放したりしないなどということはもはや神話だと、このところの三菱東京UFJ銀行の行動でわかりましたよね。ここで言う「日本人」というのは、機関投資家である金融機関が圧倒的大多数ですが、そもそも、いまや日銀が日本国債の最大の保有者になっています。なぜそうなるかというと、民間金融機関が買わないからです。

たしかに日本において市場はすでに作られたものですが、でもここまで来ると、作られた市場の下から本当の市場が顔を出してきているという感じもある。現に「日本人」は国債を買わないし、人々はマイナス金利政策が導入された途端に金庫を買って、そこに現金を詰め込むという自己防衛手段に出ている。「人間の営みとしての経済活動の成り行き」というのが本当の市場ですよ。市場の本源は市場《いちば》です。市場《いちば》が市場《しじょう》になったところから怪しげになり、そこからさらに政策的に国家主義によって作り変えられるというプロセスをたどってきましたが、今は市場《しじょう》があまりにもひどくなってきているので、その下で圧殺されかけている市場《いちば》が抗議するように顔を出しかけている。市場《しじょう》に対する市場《いちば》の逆襲という、小気味のいい現象が生まれつつあると思います。

新自由主義とは新統制主義である

佐高　歴史を振り返ると、昭和金融恐慌のとき、「ドル買い殺人事件」とも言われる血盟団事件が起こりました。三井財閥に対して政府が「三井財閥は金輸出再禁止を見越して、円売りドル買いをし、正貨準備の流出に拍車をかけた。これは売国行為である」と糾弾し、メディアも一斉に三井財閥を批判した。そして一九三二年三月五日に、三井財閥の総帥である團《だん》琢磨《たくま》が暗殺された。今度の三菱東京ＵＦＪ銀行の正当な反乱は大きな話題にはなっていませんが、さらに市場《いちば》が反乱を起こした場合、安倍政権が生み出すネトウヨ的潮流の中でかつてと同じ空気が醸されないとも言えない。

浜 そういう空気はかなりある気がする。ネトウヨ的潮流の広がりを梃子《てこ》にして、市場《いちば》が顔を出すことを意図的に抑える統制経済の方向に向かう。こうして強権発動的に逃げ切るという選択を彼らがするのではないかと心配です。日銀はすでに御用銀行化しているし、国債の強制割当方式を導入することも考えられないことではありません。我々の預貯金だって「明日から緊急事態につき、××%を国債に振り替えさせていただきます」ということも、ありうる。そういうかたちで、辻褄の合わなくなったところを強権的に抑えるやり方に踏み出すのではないか。それによって当面の危機を封じ込めるだけではなく、もっと積極的に、大日本帝国に立ち戻るために富国強兵マシーンとして、日本経済を作り変える動向が露《あらわ》になるのではないか。

安倍が産業人や労組幹部たちを呼びつけて行っている「経済の好循環実現に向けた政労使会議」などは、そのための布石でしょう。統制経済に向けた政権のまがまがしいまでの意欲の強さがあらわれている。「これは協議の場ではなくて、殿の下知《げち》を承るために呼びつけられている感じだ」と言う人がいると聞いたことがあります。安倍政権はこのように強権体制を裏口から構築している気配がある。日本は挙げて大日本帝国会社に作り変えられ、その総帥が安倍である。こんな恐ろしい世界に引きずり込まれていきそうです。

佐高 新自由主義とはつまり新統制主義であるということですよね。三菱東京UFJ銀行は

預金取扱機関（銀行）がどんどん国債を買わなくなっている！

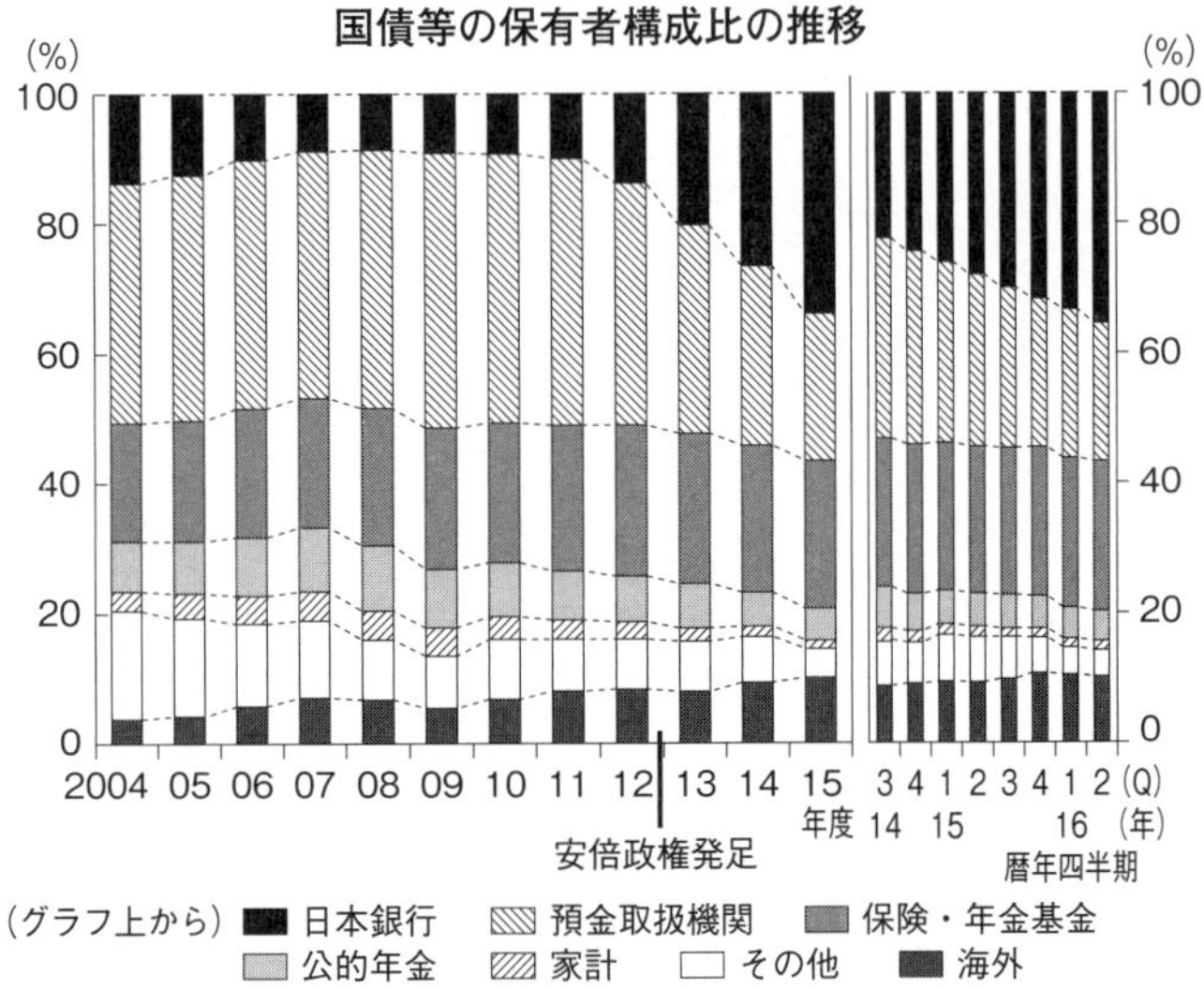

今の状況でよくやったと思う。自分たちの銀行経営のことを考えれば、このまま国債を買うような馬鹿なことは続けられないと考えるのは真っ当ですが、しかし政権に対してよく言った。この三菱の動きを受けて、他行がどう出るか。

浜　他行も国債を買わない傾向にはあります。三菱の先例によって、他行も国債を買わないというスタンスが出しやすくなっていることは間違いない。たしかに三菱はよくやったと思います。「所期奉公」という、三菱が掲げてきた綱領が久方ぶりに実践された。所期奉公とは、本来、お国のためではなく、公共のためということです。その精神が完全に絶えたわけではないと思いました。もちろん自分たちの経営を考えてのことですが、三菱が言わなければだめだという思いもかなりあったのでしょう。社会的責任という意識を久しぶりに三菱グループの一角で見ました。最近は重工も自動車も商事も、三菱本来の気骨とは違うものになっていると感じていましたから。

佐高　今回ばかりは腐っても三菱でしたね。

浜　それを貫いてほしいものです。そうじゃないと皆、御用企業になってしまう。今、安倍政権と経団連は、悪代官と越後屋の関係になり下がっている。悪代官と越後屋グループで世界に原発を売ったりもしています。世界の開発プロジェクトを我が手に、と言わんばかりです。かつてのナチスドイツを彷彿《ほうふつ》とさせるものがあります。

いちばん真っ当な中央銀行は？

佐高　世界的に見ると、中央銀行が頑張ってるのは欧州ですか。

浜　むしろ、このところはFRBが頑張っていると思いますね。かつてはECB（欧州中央銀行）が中央銀行らしいかと思っていたのですが、最近はそうでもない。やっぱり、ユーロという通貨を何がなんでも守らないといけないというところに無理がある。それに、ECBの傘下にはブンデスバンク（ドイツ連邦銀行）がある。ブンデスバンクの声が大きい間は、意地悪なうるさ型という中央銀行的性格がECBの中で前面に出ていたと思うんですが、メルケルの影響力低下も微妙に影響して、このところ変わってきている。今、自然体で金融政策の最適な答えを模索しているのはFRBのほうかなという気がします。

佐高　それは総裁個人の性格もありますか。

浜　多分にあるでしょうね。ジャネット・イエレンは金融政策の役割や位置づけを肝に銘じているというか、その立場からものを考えることに徹しようとしているように見えます。前任者のベン・S・バーナンキはもともと学者だったこともあって、変に自分の主張にこだわるところがあった。下手をすると日銀副総裁の岩田規久男《きくお》のように、自分の論理への思い込みで暴走してしまうところがありました。岩田はもっと狂気じみたインフレ期待論者ですが。さらにその前任のアラン・グリーンスパンは完全なるお調子者でしたね。それに比べて、イエレンは生真面目です。

佐高　「日経新聞」なんかはイエレンのほうを心配していますが、浜さんのその評価は興味深いですね。

浜　やはりお調子者を好む人には敬遠されるでしょう。オーソドックスな中央銀行的感性はイエレンがもっていると思いますよ。金利がまるで動かない、動くときは水面下でマイナスのほうに動くという、今のような状況は異様ですから、そこから何とか脱却しなければなら

日銀の黒田総裁（右）と岩田副総裁

ないという思いの強さが感じ取れます。そういった姿勢が黒田日銀には全然ない。

ＥＣＢが本当の中央銀行らしい位置づけに徹せられないのは、すでに申し上げたとおり、ユーロという通貨を消滅させるわけにいかないという事情があるからだと思うんです。それが彼らの中央銀行としての感性を鈍らせたり、足かせになったりしている。

佐高　私が経済誌にいた頃、野村證券顧問の鈴木秀雄を取材して、なるほどと思ったことがある。彼が言うには、基軸通貨のドルが足りなくなったらアメリカはどうするか、アメリカは為替《かわせ》というものが理解できていないのではないか、と。その心配は今はないですか。

浜　今は状況がちょっと変わってきていると思います。当時と今がいかに違うかと言うと、今は基軸通貨なき時代です。たしかにドルが基軸通貨だった頃は、単純に言えばアメリカに為替政策は必要なかった。いわばドルは中心であぐらをかく太陽であり、為替政策は衛星である他の国々がやることだった。しかし今は明らかにそうではないので、アメリカは苦労している。苦労すればするだけ見えてくるものはあるはずなので、当時とは状況が変わってきていると思います。

佐高　当然、あの頃はユーロはないですしね。

達成する気のない物価上昇率二%

浜　ニクソン・ショックの頃は、西ドイツマルクが次の基軸通貨ではないかと言われましたが、しかし西ドイツはあえてそんな面倒な役割を負いたくないからと気配を消していた。基軸通貨国になると世界のための通貨の番人になってしまうので、気を遣うことばかりで、自国経済にマッチした為替政策を取ることができるとは限らない。当時、西ドイツのブンデスバンクはそのあたりがよくわかっていた。それはナチス時代の体験があるからです。その間、日本は円の国際化などと言って、通貨の番人をやりたがったりもしていた。そのあたり、政策的な詰めの甘さがあります。だからアホノミクスみたいなものが出てくると、さっと乗っ取られてしまう。

日本は世界最大の債権大国になっているし、経済規模もGDPでは世界三位。富の蓄積の度合いや経済的完成度の高さではグローバル経済の中で突出した存在なんですよね。その日本において、強い国家構築のために経済活動のバランスをあえて崩すような経済政策が出現してしまっているというのが、グローバルなスケールで見ても、ものすごく不幸なことだと思います。

佐高 デフレに対応して、一定の物価上昇率を目標として金融緩和を行うという日本流のインフレターゲット論に、私はそもそも疑念があるんですが。

浜 もともとインフレターゲット政策はインフレを抑えるために作られたものです。インフレという怪物をターゲットにしてやっつけようとする政策ですよね。それをデフレ退治の政策として読み替えること自体がナンセンスです。

ちなみに、二〇一三年四月に掲げた二％の物価上昇率目標について、二年程度での実現という方針を今回取り下げましたが、そもそも当初から本気でやる気があったのかどうかははだ疑問です。もしかしたら当初から日銀が無限に国債を買い取るための、それこそ煙幕だったのではないか。できもしない目標を掲げて、それを達成するまで国債大規模購入をやり続けるのだと言って、日銀による財政ファイナンス（中央銀行が国債を直接引き受けること）を正当化する。そこに本当の狙いがあったのではないか。だから、達成されては困る。今回めでたく二年という目標を外せて良かった。それが政権の本音ではないでしょうか。実際に達成されたら大変なことです。国債の大量購入をやめなくてはいけないということになれば、日本国債はそこで紙切れ化します。その段階で、禁断の直接引き受けに移行するのかもしれませんが。

いずれにしても、この件でもまたメディアに不満が残ります。なぜ二％目標について、記者会見で誰も質問しないのか。「二％達成したら、金融緩和をやめるんですよね」と訊いたら黒田総裁はどう答えるのだろうと、いつも思ってきました。

佐高　今の記者は経済に斬り込む識見がないのか、体制監視の役割を忘れているのか、いずれにしてもジャーナリズムの役割を果たしていない。

今回、黒田は「安定的に二％を超えるまで」という言い方で、二％になってもしばらく買い続けられるという言い方をしていましたね。

浜　ご指摘の言い方が実に巧妙というか、姑息《こそく》というか。こう言ってしまえば、「安定的に」と「超える」のいずれについても、日銀の判断次第ということになってしまう。少なくとも二〇一三年四月の段階では、「これは財政ファイナンスではないのですか？」と誰かが記者会見で訊いていた。「そんなことはありません」と明示的に答えましたから、二％が達成できればやめなくちゃいけないということになるわけですけど、でもやめたら大変なこと

日本の名目GDPの推移

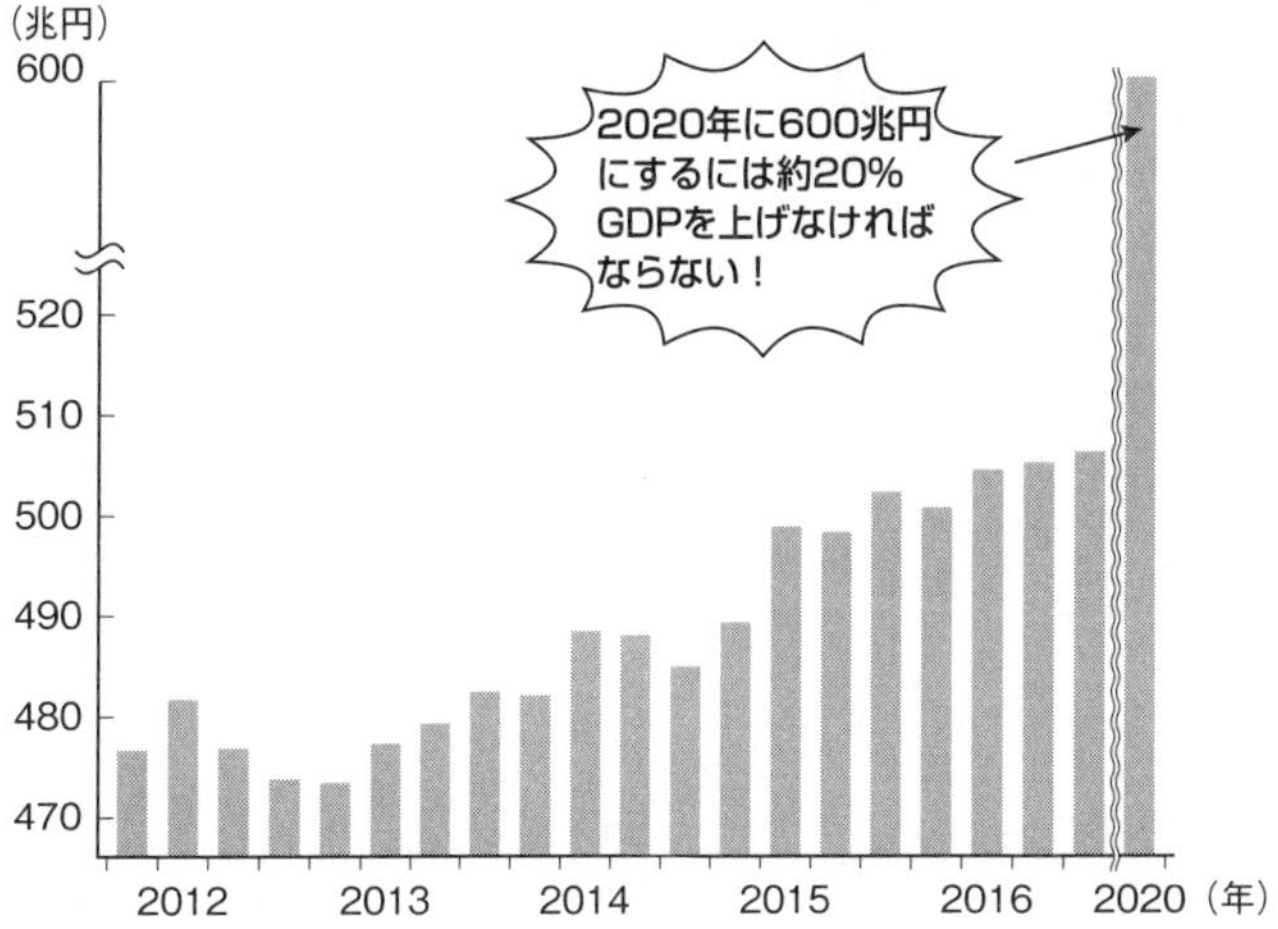

ですよ。だから掲げはしたものの、当初から達成しないために掲げていた目標だという気がする。

GDP六〇〇兆円で戦争国家に

佐高　それはズバリ、政権が触れられたくないところかもしれません。彼らは「自由主義」と言うけど、二％目標というのは完全に統制経済でしょう。

浜　このところ統制的な考え方が多方面でまかり通っている。女性の役員比率などもお国が決めていく。二〇二〇年までにGDP六〇〇兆円というのは、今と比べて二割増えるわけですが、先ほども言ったように、これは明らかに、そうすれば国防費を増やせるという算段でしょう。

佐高　アベノミクスは三本目の矢のひとつとしてカジノ構想を出しました。博打《ばくち》は虚業ですよ。さらに破壊的に大きな虚業が戦争です。彼らは最終的には戦争という虚業に賭けようとしているようにしか見えない。

浜　彼らこそ博打的傾向を強く持つ山師集団と言えるかもしれない。

佐高　浜さん、私以上に厳しいことをおっしゃいますね（驚）。

浜　アベノミクスのなかでは、株価は高ければ高いほどいいということになっているらしい。とてもじゃないけど、これを経済政策とは言えない。そこにあるのは、強い者をより強くし、大きい者をより大きくし、勝ち組が徹底的に勝ち続けることによって世界の中心で輝くのだという発想でしょう。安倍はよく好んで「あのときの日本人にできて、今の我々にできないはずはありません」と言います。「あのとき」は二つあって、一つは明治維新、もう一つは戦後の高度成長期です。この二つの時代へのノスタルジーが非常に強い。「あのとき」のような輝きを持って世界の一番に躍り出るのだという、誇大妄想的な世界制覇の野望がある。

佐高　私は庄内地方の出身です。明治維新のとき、庄内は賊軍の本拠地だったんです。先の参議院議員選挙（二〇一六年七月）で東北六県は野党の五勝一敗でした。秋田だけ野党共闘が負けた。『週刊金曜日』のある読者が、これは奥羽越列藩同盟《おううえつれっぱんどうめい》だと言っていました。奥羽越列藩同盟で秋田が最初に脱落したことから、「秋田の変心」といって東北では評判が悪い。自民現職をおさえて野党統一候補が当選した新潟も、河井継之助《つぎのすけ》［一八二七―一八六八。幕末の長岡藩士。江戸、長崎に遊学して開国論者となる］が率いた奥羽越列藩同盟の一藩でした。奥羽越列藩同盟の側からは、薩長の連中を官賊、偽官軍と呼ぶんですよ。安倍は長州で、小泉純一郎の父方は鹿児島です。いまだに薩長が日本を悪くしているというのが私の持論でしてね。安倍政権はまさに偽官軍の論理で進んでいるが、こっちはまだ恨みを忘れてない。

浜 たしかに彼らには偽官軍的発想があるようですね。正義を貫くという発想から最も遠いところで、強権発動的に支配の土台を構築する。そういう輩《やから》に見える。

佐高 官軍によって偽官軍とされ処罰された相楽総三《さがらそうぞう》という人物がいます。彼がなぜ殺されたかというと、官軍の裏切りによってです。あの頃、官軍と賊軍の兵力は拮抗していた。あるいは賊軍のほうが上回っていた。そこで官軍が考えたのは、農民を味方につけることだった。官軍は相楽ら草莽《そうもう》の志士たちを各地に派遣し、明治維新が成功したら年貢半減令を実施するのだと宣伝させた。そうして農民を引きつけておきながら、いざ維新が達成されると翻意した。西郷隆盛ら新政府軍は、年貢半減令は相楽が勝手に言い出したことである、相楽率いる赤報隊は偽官軍であるとして、相楽を処刑した。私は思うんですよ。美味しい話だけを吹聴するアベノミクスの実体は、この年貢半減令と同じではないか。

焦りだした「チームアホノミクス」

浜　自分たちの目的を達成するために美味しそうなことを言って人を引き寄せる。その種の人々が本当は何を狙っているのかを、我々は見透かし、見据えていかないといけない。野党側の攻め方のポイントもそこにあるはずです。「GDPを大きくしたいのは、軍備を増強するためではないのか」という突っ込み方をしなければいけないのに、そこで「GDP六〇〇兆円なんて実現できるわけがないじゃないか」なんてトンチンカンな攻め方をするものだから、争点が本質からずれてしまう。そもそも野党が事態の本質を摑めていない。

佐高　安倍はその明治維新認識——認識というほどのものではありませんが——から新自由主義的立場に至るまで、勝者の側の長州史観です。歴史の表舞台はたいてい勝者の史観でつくられたものです。敗者の史観は大衆小説作家が書き残すもので、相楽総三の話も長谷川伸［一八八四―一九六三。作家、劇作家。庶民の側、敗者の側に宿る仁義や倫理を探り続けた］が『相楽総三とその同志』という作品で書いている。敗者の史観は敗者自らによって語られるのではなく、第三者によって語られる。

なぜだろうと考えると、おそらく人間は自分を敗者として規定するのが嫌だからだと思うんですよ。誰もが「私はまだ敗者ではない」と自分に言い聞かせる。だから、「共に強者になろう」と訴える安倍にからめとられてしまうのだと思う。「私はまだ敗者ではない」と現実から目を逸らして安心してはいけない。「私はすでに敗者にされてしまっている」という危機感、あるいは敗者の側に立つという腰を据えた覚悟からしか本質は見えてこない。

浜　本質が見えないし迫力も出てこない。その意味では、かつての社会党の強さは万年野党だったことにあると言えるかもしれません。今、民進党は政権への色気だけで対抗しているから、政権に歯が立たないという情けなさがあります。野党は野党として徹底的に政権を批判し抜けばいいのであって、蓮舫の言う対案型など最悪です。

佐高　「対案を出せ」と言う奴と「自己責任」を言う奴は敵なんですよ。

浜　「対案を出せ」と言われて、素直に対案を出すのは最も愚かです。「馬鹿にするな。そんなことのために我々は生きているのではない」と言わなければいけない。そこが本当に弱い。

しかし注意深く見ていると、チームアホノミクスも焦ってきています。やることなすこと、うまくいっていませんから。金融政策だって、先頃出した総括的検証にしてもどんどんわかりにくくなっていて、自分が仕掛けた投網《とあみ》にからめとられて身動きがとれなくなっている観がある。いみじくも安倍が消費増税再延期の記者会見から言い始めたことに、「アベノミクスは失敗したわけではありません。しかし道半ばでございます。だからもっとエンジンを吹かさねばなりません」というのがあります。

あれは自分たちにも失敗感があるからでしょう。自信満々だったら「失敗ではありません」なんて言わなくていいわけですから。その後、選挙遊説《ゆうぜい》でもあちこちで、この「失敗ではありません」を繰り返していた。否定すれば否定するほど「やっぱりそうなんだ」ということがわかってしまう。そして今や、経済政策で本筋から外れたことをやると市場《いちば》からの逆襲が来るという事態を迎えている。

野党は本質的な批判をせよ

佐高　参院選の選挙結果が示すことの一つが、アベノミクスに対する農協の反乱だった。もちろん農協自体に問題は山ほどありますが、腐っても農協というところがある。農協の会社化を狙うアベノミクスには明らかに反発が出てきています。

浜　安倍政権は「攻めの農業」なんて言って、墓穴を掘っていますよね。皮肉なことに、農協の言うことが初めてまともに聞こえる世の中になってきた。そういう様々な局面から真実の逆襲が進行しつつあり、それに対して政権は必死に防戦の構えになってきている。

政権側は選挙戦に向けて、「成長と分配の好循環を目指す」という言い方をし始めました。彼らは分配という言葉が大嫌いだったはずです。かつては「縮小均衡下の分配」から「成長と豊かさの好循環」に切り替えるのだと言っていた。ところが、ここに来て失敗感が強いものだから、分配という言葉を自分たちの発信のなかに取り込まざるをえなくなった。そのこと自体が一つの敗北を示しています。

また、同一労働同一賃金という概念も同様です。たしかに自分たちに都合がいいように適用してはいますが、同一労働同一賃金という用語を取り込まざるをえなくなった。このあたりには政権側の大きな綻《ほころ》びがある。

彼らの自壊作用が見えてきた。しかしここも、野党は真に批判し得ていない。それどころか、自分たちが主張してきたことを政権に取り込まれたと受け止めて、まるで言葉をハイジャックされてしまったかのようにうろたえた。野党魂がまるで据わってないですね。「我々がさんざん言ってきたことを取り込んでくださって、ありがとうございます。では、我々にロイヤリティを払ってください」とか、いろいろ言い方はあるでしょうに。

佐高　同一労働同一賃金と安倍が言い出したのは、一つは国民の購買力が落ちているからです。そのくせ財務相の麻生太郎が、内部留保を貯め込む企業を守銭奴呼ばわりした。守銭奴はお前たちのことだろうと言ってやりたい。

浜　企業に金が余ってしょうがない構造をつくっておいて、いけしゃあしゃあとよく言えたものです。

佐高　野党は同一賃金同一労働は自分たちが言い出したことなのに盗られてしまったなんて

ひるんでいないで、派遣法をやめろときっちり主張すればいい。そうすれば労働者に賃金が支払われ、企業はおのずと内部留保を減らす。野党はこういう本質的な批判ができなくなっている。

政権が目論む「働かせ方改革」

浜　おっしゃるとおりです。政権側は、規制緩和と言うとあまりにも新自由主義的だと思ったのか、あるときから「規制改革」と言い始めましたが、彼らがそういうことを言うときは必ず、労働法制の改悪が目論《もくろ》まれ、労働者の人権を守るための法律が骨抜きにされようとしている。そこを野党側が突かないといけない。

労働法制は生産性を上げるためではなく、労働者の権利を守るためにあるんですから、労働法制を変えるのは何のためかという原理原則論が議論のなかでもっとハイライトされてしかるべきです。そういう観点から考えると、今、政権側が前面に押し出している「働き方改革」も、中身は「働かせ方改革」ですよ。企業が労働者をいかに安上がりにこき使うことができるかを追求している。野党側は、その実態をもっと具体的に明らかにしていかなければいけない。

佐高　ブラック企業・ブラックバイトの問題も、派遣法との関係で本質を突かなくては。ブラックバイトの元祖のようなワタミの渡邉美樹元社長が自民党にいるのは一つの象徴ですが、ブラック企業・ブラックバイトは彼らの言う規制緩和の結果、出てきたものです。

そして問題は労働組合ですよ。労働組合が派遣労働を黙認しているから、民進党もそこに焦点を当てられない。労働組合は時代を先んじて活動しなくてはいけないのに、経団連よりも動きが鈍くなっている。

浜 労働組合は労働運動をするために存在するのであって、労働運動の最大の目的は労働者の基本的人権を確立することですが、そういう感性を今の労働組合は持っていない。人権意識がないし、自分たちが労働運動の主体だと思っていないように見える。いまや生活協同組合のほうが人権運動団体として重要なことをやっている印象がある。労働組合にもう一度、アイデンティティを再発見していただきたい。

ただ、こんな状況のなかでも面白いと思うのは、経済的に辻褄の合わないことは必ず行き詰まるということです。これこそ経済活動の基礎的な力学です。経済活動は人間の営みですから、人間が納得いかないことはうまくいかない。その綻びが見えてきた。だからこそ「失敗ではありません」と政権側が必死で取り繕わざるをえなくなっているわけで、相手は実はボロボロです。こういうときにこそ、弱い立場の人々の怒りをまともな方向に向けていくのが組合運動であり、野党の政治責任ですよ。まったくもって本質に迫り得ていない。そして過激さが足りない。

第2章　貧困が抵抗に向かわず、独裁を支えてしまう理由

「トランプ勝利」が意味するもの

佐高　二〇〇一年に慶應義塾大学経済学部教授の金子勝さんと議論して、『誰が日本経済を腐らせたか』（毎日新聞社）という本をつくりました。そのなかで、ビル・クリントン政権時代のアメリカが「平和の配当」と言っていたことに触れている。軍備を控えて、軍需産業の技術を民間化して繁栄した。浜さんはそれをどう評価しますか。

浜　レーガン時代が終わり、冷戦が終わった「平和の配当」の時代ですね。はたして九〇年代をそのように位置づけてよいか。たしかに平和の配当があったことは間違いない。ですが、平和の配当なるものを真っ当に使ったかどうかというと、オバマケアのように、そこをベースに社会福祉制度の充実という方向に積極的に踏み込んだわけではない。

驚くべきことにクリントン政権下は財政が一時的に黒字になったけれど、そうこうするうちにアメリカのニューエコノミーという言葉が使われ始め、デジタル時代に入り、ITと金融で浮かれ気分になっていった。それがエンロンやワールドコムの粉飾決算や破綻という問題を引き起こす事態に向かっていく。おちゃらけのグリーンスパンがマエストロなどと言われて、金は使い放題の時代に入っていった。クリントンも軽薄な面があったので、あの時代のアメリカはおちゃらけエコノミーだったという感は否めません。なんとなく楽しいというムードがアメリカ全体に広がった時代ですね。

ニューエコノミーはたしかに全体的な意味合いにおいて平和の配当だったかもしれません。冷戦時の緊張感がなくなり、財政が黒字になったことで、財政節度という縛りを意識する必要がなくなった。猛烈なＩＴブームが起こって、アメリカの海外投資も増えて、束の間の黄金気分に浸った時代です。その気分に乗りまくることを得意とする人間が、時あたかも国のトップだったとは言えます。

佐高　クリントン自身は徴兵逃れの問題が取り沙汰されましたが、戦争を積極的にやりたがる人間ではなかった。おちゃらけにせよ、軍事に向かわなかった点は一定の評価をあたえていいとは思うのです。クリントンはいまだにアメリカ国内で評判がいいんですよね？

浜　相対的にまともに見えるからですね。悪の権化みたいな人ではないし、世界と共に生きていくニューアメリカというイメージは、クリントンとオバマで共有されてはいます。ブッシュ時代の一国主義から脱却したいというオバマの思いをサポートする感性は持っていると思います。

グリーンスパン第13代FRB議長

佐高　勝てば官軍、自己責任の論理が高まった新自由主義の時代に対して、ある種のアンチテーゼを打ち出したのがクリントンだった。それが、のちのオバマケアにつながる。

浜　それが時代の流れだったという面も多分にある。新しいアメリカ人が求められていたということでしょうね。ところが、いまやどうも別の意味で新しいアメリカ像が求められるようになってしまった。

それがトランプ大統領の誕生というとんでもない結果をもたらしてしまった。

佐高　トランプが大統領になってしまった背景には、やはり格差と貧困の深刻化と、それが秩序を変えるほうにではなく、独裁を支持する方向に行ってしまうという極めて危機的な問題があります。今、アメリカ国内でクリントン夫妻やオバマケアに対する反発がすごい。それはオバマケア的な思想が、アメリカ流の〝勝てば官軍〟思想をくつがえそうとしたからですよね。

ヒラリーの敗因

浜　そのとおりだと思います。今、弱肉強食を肯定するアメリカと、トランプを「我々の大統領じゃない」と叫ぶアメリカが綱引きしている。

佐高　二つのアメリカを詳細に検討する必要がありますね。ビル・クリントンのほうが評判

大統領選の勝利が決まり、家族とともに登壇するトランプ氏

がよくて、ヒラリー・クリントンの評判が悪いのは？

浜　ビルは無責任な天真爛漫さ、大人げなさがかえって好感を呼ぶんでしょうね。ヒラリーはアグレッシブで、どうも遊びやゆとりがありません。人に優しいことを言っていても、メッセージが実感として伝わってこないところもある。アチーブメント志向で、権力の中枢にいたくて、追いつめられると我を張ってむきになってしまう。いつも正しいと思われていたいがゆえに嘘をついてしまう。このあたりが大統領選の敗因の一端だったのでしょう。

佐高　アメリカだって男女平等が実現しているとは言えないですよね。私はフリーになってまもなく『日本官僚白書』（講談社文庫）という本を書いたとき、官僚たちに取材を試みました。官僚たちは大変にガードが固いのですが、女性の官僚のほうがわりあい応じてくれた。彼女たちのほうが言いたいことがあるんです。男性にはない余計な試練をくぐらされてきているからでしょう。単に男に生まれて成績がいいだけで得している奴らにはわからない側面があるんだと感じました。

浜　ただヒラリーがここまで来られた唯一の理由は、彼女が女性だったからかもしれない。男だという他に何の取り柄もないのにいいポジションについている人がいるのと同じように、ある意味では、女であるという以外に取り柄がない。ヒラリーが男だったら全然だめだったかもしれない。女性であることが妙な武器になって、門戸が開いてしまうことがある。そうではなくて、政治家としての本質的な部分でヒラリーはもっと力量を示してこなければいけなかったと思います。

クリントン政権のとき、社会保障については彼女が枠組みをまとめる責任を持っていた。結局はうまくいきませんでしたが、そうやってニューアメリカに向けて道を開こうとする姿勢をオバマが受け継ぎ、社会保障を充実させる路線をさらに強く打ち出した。しかしそれをアメリカ人は知的に受け入れることができなかった。これは驚くべきことです。

アメリカの精神は、ある時点から発展を止めてしまったようにすら思える。アメリカという国は、決して淘汰の論理だけで動いていたわけではなく、共同体の助け合いの力を持って

オバマケア反対派のデモ。オバマ氏の顔にヒトラー風のひげが描かれている

いたはずなんです。どこかでそれを置き忘れてきた気がします。国民皆保険的な社会保障制度をあそこまで敵対視するという発想が幼稚ですし、その意味を理解しようとさえしていない。そのような人々がトランプ勝利の原動力となってしまった。

　オバマケアが出てきたとき、反対派はイギリスの社会保障制度を全体主義や社会主義のように言い立てて、あんなふうな社会になってはいけないと言っていました。オバマケア反対のデモをする人たちが、オバマの顔にヒトラーのチョビひげを描いたプラカードを持っているのを見たりもしました。ああいう精神性はどこから出てきたのかと考えると、まさにアメリカンドリームの「勝てば官軍」式の考え方が、助け合いの世界を全否定する構図になっている。公助という概念を非常に嫌う感性がアメリカ社会に根を下ろしてしまっている。アメリカの良識派がこれからどう巻き返しを図るかが注目されます。

公助嫌いのアメリカン魂

佐高　公助への嫌悪と自己責任は表裏ですからね。その考え方を竹中なんかがすぐ輸入する。私がアメリカに行ったときに驚いたのは、リンカーン記念堂のリンカーン像なんですよ。大仏みたいに大きいでしょう。人間をここまで大きくしていいのかと思った。もちろん個人の功績というのはあるが、それは時代における社会の産物でもあるでしょう。アメリカは個人ということを強調しすぎる国なんだなと痛感した。

浜　社会主義国家や全体主義国家は「偉大なるリーダー」を途轍もなく大きくクローズアップしますよね。その意味ではアメリカは全体主義国家かもしれないと、ふと思えてしまう。個人崇拝が強く、星条旗を背景にした権威を重んじる。それを求心力にしないとあの国を統一していくことができないということなのだと思います。似た者同士が助け合っていこうというのが社会民主主義的な発想で、ヨーロッパの小さな国々などはとても一人じゃ生きていけないから福祉負担構造を受容している。アメリカはそういう知的発育を遂げることなく、今日まで来てしまった。かつてなく貧困が広がり、今こそ助け合いが必要になったというのに、そのための知的準備が整っていない。その間隙《かんげき》にトランプが突入した。再びアメリカを強大にすると言って、公助嫌いのアメリカン魂をわし摑みにした。

佐高　公助の理念で他国の人間に金を使うなんてことをしなければ、その分を自国民にまわせるじゃないか、と。

浜　前にお話しされた年貢半減令のように、直接に自国民の課税を減らすわけではありませんが、移民を押し返すとか、メキシコの国境に壁を立てるという案が、年貢半減に相当する空約束《からやくそく》として人々を鼓舞してしまっています。

佐高　ヨーロッパと違って、アメリカは歴史が浅いせいもあるのでしょうか。

浜　歴史の体質的な違いですかね。もともと荒れ野で、先住民がいるところに移民が入ってつくった国家です。より有利な土地を先に占領し、自力で勝ち抜いた者が偉いという考えが強くあるのでしょうね。それはやはり何百年にもわたって喧嘩したりくっついたりしてきたヨーロッパとは違います。

ただ、かつては手垢のついていない新鮮さがアメリカの魅力だったのも事実です。一八～一九世紀にはイギリスがアメリカを〝our young cousins（新大陸の従兄弟たち）〟と呼びました。くたびれはてた老体が、新進の若手に憧れたわけです。そのときの幼稚さのまま、パクス・アメリカーナ（アメリカの覇権による世界平和）の担い手となってしまったことが尾を引いている。パクス・アメリカーナは一種の事故のようにアメリカに降り掛かってきた役割だと思うんですね。

さかのぼれば、パクス・ブリタニカもパクス・ロマーナも長いプロセスのなかで覇権を集約してきたのですが、歴史的に類例のない破壊力を持った戦争の結果として、準備不足の若手がナンバーワンの座に躍り出てしまった。だからスーパーマンにならなければという気負いも強かった。しかしそれはニクソン・ショックまでしか続かず、そのままベトナム戦争に突入した。つまり、アメリカは未成熟なかたちで覇権国家の位置につき、未成熟なままそこから降りて、今、極めて不安定な状況にある。

比較するとイギリスは、長い期間をかけて大英帝国を形成し、没落の過程もまた長かった。だから没落の甘い香りに浸ることもできた。サッチャー以降はそれがなくなってギラギラしていますけど、七〇年代末まではいい感じの老いらく具合がありました。「我々は主役を降りたし、悠々自適で毎日が日曜日」という感じでやっていたところに、いきなりサッチャーに「昔とった杵柄《きねづか》じゃん。やってみなよ」と老骨に鞭を打たれて調子が狂ったところがあります。

サンダース登場の背景を考える

佐高　イギリスがかつてアメリカを従兄弟として見ていたのは、自分たちが本家で、向こうは分家だという意識もあった。作家の石川好《よしみ》が面白いことを言っていた。アメリカは移民国家で、自分たちの国は魅力的であると殊更《ことさら》に外に向けてアピールしなければいけない。だから常にフェロモンを出していなければならないのだと言うんです。そのフェロモンの一つが、パクス・アメリカーナだったのではないか。

浜　パクス・アメリカーナという最高のフェロモンを手に入れることができた。フェロモンを出していなければいけないという役割意識があるから、スーパーマン国家のようなキャラクターを演じてしまったんですね。

佐高　バーニー・サンダースが登場したことはその反動でしょうか。

浜　反動とも言えますが、より本質的に重要なのは、サンダースが出てきた背景とトランプが出てきた背景がほとんど同じだということです。つまり、富裕層：貧困層が一：九九になってしまった状況に対して、社会民主主義的な解答をもって登場したのがサンダース、アメリカンドリームで脱出できると登場したのがトランプです。公助嫌いで〝勝てば官軍〟を徹底した結果、一：九九の社会構造になってしまって、そこで行き詰まったわけですよね。行き詰まり脱却のシナリオとして、その二つの解答が出てきたということだと思います。いずれにしても、アメリカというシステムはもううまくいかなくなっている。視野狭窄《きょうさく》的な自助の世界になってしまったからでしょうね。死にものぐるいでリッチになる人がいて、その人たちは同胞たちの貧困化には目を向けない。

佐高　学生時代に読んだのですが、レオ・ヒューバーマン［一九〇三―一九六八。アメリカのジャーナリスト。社会主義者として様々な変革運動にも携わった］が面白いことを書いていた。アメリカ人が共産主義について知っていることは、それが嫌いだということだけだ、と。そういう反共の土壌がアメリカにはずっとある。しかし、その壁を越えるほどに一：九九化が進んだ。サンダースの目指す社会民主主義は、かぎりなく共産主義に近いですよね。

浜　受け入れられやすいように社会民主主義と言っていますが、実質は共産主義に近いと思います。アメリカでは、共産主義とは何かを考えること自体が罪だという風土がずっとあって、そこに大いなる誤解も生まれている。彼らが共産主義と呼んで脅えているのは、実は全体主義ですよね。民主主義対全体主義という構図が、資本主義対共産主義と頭のなかですり替えられたまま、今日まで来ています。国民皆保険や社会保険制度に危機感を持つのは、根深い反共のＤＮＡが今なお生きているからでもあるでしょう。

佐高　共産主義に対してどういう態度をとるか、それを歴史の知恵として持つ国もある。たとえばイギリスにはアメリカみたいな反共はないでしょう?
浜　そこまで強い反共はイギリスにはなかったですね。ただ、反共ではないですが、今は英国独立党をはじめ、イギリスにしては珍しい右翼民族主義が前面に出てきてしまっているのが気になります。
佐高　それは日本ともシンクロする動きですね。トランプの極端な排外主義が支持される傾向も恐ろしいですが。

弱者が弱者を叩く構図

浜　アメリカは知的な柔軟性と多様性が、意外と定着していないんですね。人種のるつぼと言いながら、意外と多様性を受容するのが下手な面がある。自分たちが描いている自己イメージとは違う実体を持っている国だという気がします。その体質の上に一・九九の状況がかぶさり、トランプの排外主義が出てくる。

アメリカはやはり青いんですね。しかし先ほど言ったとおり、その青さは一概に悪いものではない。青さを良さに変えるマジックをオバマは少しは持っていた。彼のピュアネスのようなものが人々に浸透し、自分たちも洗われるような気分でオバマを迎え入れた。二〇〇九年当初はそうでした。

ただ、私はオバマ登場の当初から懸念していたことが一つあります。それは、この人は「不本意男」になるのではないかということです。「不本意ながら」「これは私の真意ではないのですが」と言いながら、だんだん一国主義的な、あるいは昔ながらのアメリカニズムに引っ張られることにならないかと思っていた。やはりある程度までそうなってしまいました。

逆に言えば、彼を不本意な方向に引きずる力がいかに強かったかということです。オバマは一種のブレイクスルーを果たしました。しかしそれに対する大いなる反動としてトランプが出てきた。次の次くらいには、純粋さと成熟度を兼ね備えたアメリカが出てくるか否か、それが問われますね。

佐高　霍見芳浩《つるみよしひろ》さん［一九三五―。経済学者。ニューヨーク市立大学名誉教授。国際経営学の分野で知られるが、政治に関する発言も多い］がハーバード経営大学院でブッシュ・ジュニアを教えていた。あんな最低の男が大統領になるのかと嘆いていました。それでもトランプよりはましだと思いますが。

浜　トランプは家族も含めて、丸ごとがあまりにも変ですよね。ところが、隠れトランプ支持層もけっこういるらしい。表立ってトランプ支持を表明すると知性を疑われるから、秘密結社的に集まっているトランプ支持者です。彼らに関するルポルタージュによれば、足がつかないようにおたがいファーストネームで呼び合って、素性を明かさない。そして「トップエリートの我々がトランプを支持しているんだ」「俺たちはエスタブリッシュメントだ」と元気づけあってきたそうです。彼らの存在が世論調査に反するトランプ勝利をもたらしたとも言われている。その人たちは「勝てば官軍」主義の極限的な信奉者であり具現者で、ひょっとしたらパナマ文書に名前を連ねているような人たちかもしれない。彼らは公助の世界を毛嫌いし、「勝てば官軍」イズムをトランプが徹底的に守ってくれると信じている。実際に、極貧層と超リッチ層がトランプを支持している。アメリカンドリームの両極を占めている層がトランプに吸い寄せられる。

佐高　日本では、ネトウヨや在特会（在日特権を許さない市民の会）が生活保護受給者を攻撃しています。自分が社会的弱者であることを自覚することなく、弱者の側に立つ反体制運動を確立できない現状のなかで、弱者が弱者を叩く構図だけが迫り上がってきてしまう。これはオバマケアに対する異様な反発と似ています。

二〇〇四年のイラク日本人人質事件のとき、武装勢力の捕虜になった被害者三人への猛バッシングが起き、まさに自己責任だと攻撃された。成田空港まで出向いて、帰国したばかりの被害者に罵声を浴びせた人たちがいたのには本当に驚きました。むしろ当時のパウエル米国務長官のほうが、「イラクの人々のために、危険を冒して現地入りする市民がいることを、日本は誇りに思うべきだ」と発言したほどです。

「豊かさのなかの貧困」という問題

浜　日本では、パウエルのようにたしなめる人間が出てこない。日本の場合、問題がより厄介かもしれないと思うのは、自分たちを弱者ないし弱者予備軍だと自覚しにくいことです。一：九九のアメリカは、いわば「貧困のなかの豊かさ」問題なんです。一握りの金持ちがいて、周りは皆貧困層という状況になっている。そうすると弱い層の結束もあり得るし、革命を起こす力学が形成され得る。対して、八四：一六の日本の現状は、まだまだ「豊かさのなかの貧困」問題なんですね。一六％の貧困層のなかにもグラデーションがあって、まだ最底辺ではないとか、八四％から一六％のほうに行きたくないとか、「豊かさのなかの貧困」は貧困のなかの対立の構図を生みやすい。だからといって日本も貧困率九九％になればいいというわけではないのですが、熾烈《しれつ》な格差でないからこそ、サンダースが出てこないのかもしれないし、弱者の同士討ちになりやすいのかもしれない。

　アメリカも日本もそれぞれひどい状況ではあるけれども、明確に対抗軸が出てきているという点ではアメリカのほうがましです。ですから私たちは、もっと問題の所在と根拠をはっきり見出して、本当の敵を見極めないといけないと思います。

佐高　雨宮《あまみや》処凛《かりん》［一九七五―。作家、社会運動家。右翼活動家から左派論客に転身。反貧困運動の象徴的存在でもある］がリストカットをしていた過去を語っています。当時、自己責任で頭がいっぱいで、自分を罰するかのように腕を切っていたと言うんです。そういった追いつめられた状態を切り抜けて、最初に右翼団体に向かい、その後、左翼に転向した。その過程を通して、彼女は社会を発見したと言うんですね。自分を苦しめていたのは自己責任ではなく、社会に責任があるのだと理解し、そうしたら楽になれたと。

浜　社会の発見は本当に大事なことですね。

佐高　またそのときを振り返って、右翼のほうが温かかったとも彼女は言っています。左翼は「マルクス読んでるのか」などと詰め寄られかねない、上から裁断するような雰囲気があったと。それを聞いて、社会の発見と同時に、反体制運動が人間的な温かさを取り戻すことが大事ではないかと私は思いました。

浜　面白い指摘ですね。でも、右翼的温かさというのは偽装だと思いますよ。それが「家族が大事」とか「国を愛する」という思想で体制を補強し、またその思想が集団の輪から外れにくくする心理につながりますから。こういう偽装は新興宗教にも共通するかもしれません。いずれにせよ、左翼運動は本来、公助の世界ですから温かいのが当たり前のはずです。しかし闘争という発想でいくと、同志であることが重要にもなってきて、下手をすると排他的になっていく。そのバランスがこなれていないのは、日本の左翼運動が成熟していないからでしょう。

佐高　日本では、公助がお恵みと捉えられてしまう。そうではなく、社会を社会たらしめるために必要なものだと認識していかなければいけない。

人はなぜ税金を払うのか

浜　公助とは、人間が持っている当然の権利が実現するためにあるシステムです。どんな弱者であろうと、いかに与太郎であろうと、いかに失敗した者であろうと、いかなる人もまともに生きる権利がある。それを保障するために公助があるという認識が定着しないといけません。そうでなければ、我々は一六〜一七世紀の貧困法（"Poor Laws"）からいまだ脱却できていないことになる。貧困法をつくった為政者の発想は、民衆にまさにお恵みをほどこすことによって、不平不満を言わせないために、社会保障的なるものを秩序維持のための方策として用いた。それは公助の発想とは異なります。貧困法の発想を超えた認識の次元に入らなければ、これからの公助の世界は成り立ちません。本当の社会変革はあり得ません。

最近よく思うのが、人はなぜ税金を払うのかということです。税金は自分のために払うものではない。いかなる人でもまともに生きられる社会状況を保障する。そのために払うのが税金だと言っていいでしょう。税金は人のために払うものだという認識を幅広く共有することができるようになれば、公助の世界が実現する力にもなる。しかし、この発想が極めて弱い社会になってきている。自分にとって受益性のない税金を払う必要はない。それがパナマ文書で告発された人たちの発想だと思いますが、この発想はすごく野蛮です。「公的施設には面倒を見てもらってないのだから。保険医なんて関係ないから。公立の学校に子どもを行かせないから。そんな我々がどうして税金を払うのか」。こういった考え方が広まれば、社会は崩壊してしまう。

佐高　いつの時代も「勝ち組」ほど税金から逃れようとするのかもしれない。今のお話を聞いて思い出したのが、源泉徴収税の由来です。今は天引きですが、最初はそうではなかったんですよね。

浜　ええ。日本は天引きが徹底していますが、戦前は申告税制でした。

佐高　軍人から税金を徴収しようとしたら、「帝国軍人から税金を取るとは何事か」と税務署が脅された。それで恐ろしくなった税務署が、いやおうなく徴収できる天引き制に切り替えたそうですよ。

浜　シャウプ勧告から戦後日本の租税制度は出発していますが、それ以前の大日本帝国の時代の税制は混迷を極めていた。その軍人の言葉が通用してしまう時代だったんですね。

佐高　そして、花田春兆《しゅんちょう》さんという俳人を思い出すんです。彼は脳性麻痺による障害をかかえて、今、九〇歳を越えています。彼が詠んだ句に「就学猶予　クレヨンポキポキ　折りて泣きし」というのがある。彼は学校に行きたかったが、社会はそれを叶えることができなかった。いつだったか、私は『週刊金曜日』に花田さんのことを「もう亡くなったかもしれないが」と書いてしまって、するとご本人から「まだ生きてるぞ」とお知らせをいただいた。すごく明るい人でしてね、そのお便りにこちらが励まされるような案配でした。

戦中、花田さんは徴兵の対象になる年齢でしたが、重度の障害のために徴兵されることはなかった。「あなたは兵隊に取られなくていいね」とよく言われたそうです。そのことについて花田さんは後年、こう反論した。徴兵に取られなくて良かったなどという話ではない。戦時中は、戦前に比べて、自分に向けられる「役立たず」という視線がさらに強くなった。その視線に耐えて生きなければいけなかった。国益が優先される時代になると、人を序列化する視線の厳しさがますます深まるのだと証言してくれているんです。

浜　国はお国のために役に立つ人間しか求めず、国民もそういう観点から自己評価をしてしまう。そういうところに公助というものをどう位置づけるかですね。安倍政権が明確に言ったのは、公助は頑張る人のためにある、自助能力のある人を支えるために公助があるのだという考え方です。これに対して私たちは、あらゆる弱者の根源的な生存を主張しなければならないと思っています。これについては改めて論じ合いたいと思います。

第３章　人間と人間の出会いとしての経済

食料自給率と戦争の関係

佐高　先日、農民作家の山下惣一《そういち》が欧州に行ったときの手記を読んで、なるほどと思ったことがあります。欧州では、食料自給率が低い国は戦争をしたがるというレッテルが貼られるというんですね。欧州の食料自給率が九〇％以上であるのに比べて、日本の食料自給率は四〇％を割っています。ＴＰＰが実施されればさらに低くなったでしょう。安保法制と戦争がセットであることは自明ですが、食料自給率と戦争の関わりという観点もあるなと思ったんです。

浜　食料自給率が欧州で九〇％と言うとき、個別各国で九〇％なのか、欧州全体で九〇％なのか、それによって問題の在《あ》り処《か》が変わってきます。食料自給率よりも、過剰生産をどうするかということのほうが欧州的には大きなテーマだと思います。

私は食料自給率については微妙な思いを持っているんです。この話になると常に思い出すのが、貿易論の大家と言われているジャグディーシュ・バグワティーというインド系アメリカ人の学者です。私のゼミの先生であった山澤逸平《いっぺい》さんが助教授のときに、バグワティーは中堅的な学者として存在感を放っていました。いまや大先生ですが。彼の言葉としてよく引き合いに出されるのが、自由貿易こそ戦争に対する最大の防波堤であるということです。

国々が交易を通じて互いに依存し合うことが、喧嘩の歯止めになる。そこからさらに踏み込んで考えると、ひょっとすると世界中の国々の食料自給率がゼロになることが、全世界的に相互依存的に生きるための理想的な姿なのではないかとも考えるのです。

食料自給率の低い国が戦争をしたがると言えばそのとおりですが、食料自給率に海外の領土や植民地も含まれるとすれば、自国の自給率を高めることに人々が汲々とすればするほど、お互いの領土や作物を奪い合うことになるのではないか。そもそもTPPは自由貿易ではないと私は考えますが、本来であれば貿易は自由であればあるほど、人々が共に生きるための土台になります。誰も自分のためだけに農作物をつくっているわけではない。農業は必ず他の誰かのためになされるものです。皆が自給率ゼロだけれども、地球的に見れば誰しもに食料が行き渡る。それがある意味で共生の世界の理想的な到達点ではないかという気がするんです。

佐高 それは別の面から言えば、ブロック経済が戦争を招くということでもありますね。その際、グローバルという現在支配的な考え方をどう捉えるかがキーになってきます。グローバルに対抗するのは国ではなくコミュニティや地域だと私は思うんです。しかし一般的には、グローバルであることに対しては、ナショナリズムを対置する。それによって論点がズレてしまうんです。「グローバリズムか、ナショナリズムか」という問題の立て方では、いずれの側からも民衆の立場は捨象《しゃしょう》されてしまう。

「グローバル」を再定義する

浜　グローバルという言葉の再定義が必要です。本来、グローバルになるということは、国境の存在感が希薄になることであり、すなわち国家というものの存在感が低下するということです。そこから何が出てくるかと言えば、国家のなかに封じ込められていた地域共同体やそれを構成する一人一人の自我であり、自我に目覚めた人々の支え合いでしょう。

そういう意味で、私は地球化は地域化でなければならないと考えます。グローバルな時代こそ、ナショナルなものではなくて、ローカルなものが前面に出る。ローカルなもの、地域共同体的なもののほうが、人間が人間らしく生きている姿だとすれば、むしろグローバル時代はもっと人らしく生きられる時代になってしかるべきだと思うんです。追いつめられるべきは国家です。だからこそ、国境なき時代と、国境の存在を前提にしなければ生きていけない国家とが、綱引きをしてせめぎ合う。それが今の時代を規定し、特徴づけている。トランプや安倍晋三の出現がまさにそうです。これは国家的なものの焦りなんです。ですから、アンチ・グローバルという立場をとってしまうと、国家主義の思う壺にはまってしまうという側面がある。そこをしっかり仕分けしなくてはいけない。

もう一つ言えば、アンチ・グローバルを掲げて運動している人たちが世界中にいます。IMFの総会やWTO（世界貿易機関）の会合が開かれると、建物を包囲するなど、反対運動が必ず展開されますよね。あの人たちは反グローバルを表明しているわけですが、よくよく見ると、彼らのアンチは国家の強権、国家主義に対するアンチなんです。実はアンチ・グローバルを掲げる彼らこそ、国境を超えて団結するグローバル・コミュニティを形成している。真のグローバリズムはアンチ・グローバル運動を展開する彼らのほうにあり、真のアンチ・グローバリズムは国々のものである。私にはそう見える。今、グローバルという言葉を、そう定義し直す必要があると思っています。

佐高　それは国家単位の食料自給率というものをどう見るかという話にも重なります。権力がいかに言葉をねじ曲げて使うか、この対談で何度も語ってきましたが、言語的な、あるいは概念のラベリングにひそむ、ある種の罠を見極めなければならないですね。網野善彦さん［一九二八－二〇〇四。歴史学者。差別された者が体現した自由に光を当てて網野史観を確立し、その後、日本史全体をアジアの広がりのなかで問い直した］が、領海の外に公海があると言ったことを思い出します。浜さんの再定義に従うと、地域共同体とグローバルな世界が、ともに「公海」的な空間としてつながっていて、「領海」としての国家に退場を迫っている、と。

国境を「超える」ということ

浜　私たちは共生圏としての地域、共生圏としての世界を同時に取り返さなくてはいけないんです。公海を領海によって分断しないということですね。しかし現代史の歩みはその反対に向かってしまった。

冷戦体制の時代は、西側の人たちは東側を仮想敵として、少なくとも西側同士で共食いはしないでおこうという暗黙の認識があった。冷戦の終結とともにその区分けがなくなり、何でもありの大競争時代に突入する。振り返れば、グローバル化という言葉は、弱肉強食化と限りなくイコールに認識されるところから出発したんです。自己展開力があるものが勝利するという強者生存の論理が、冷戦崩壊後の新自由主義の時代に世界中に行き渡り、境目のない巨大な競争のリングに皆が上がることになるのだと認識されてしまった。それが弱肉強食という方向に向かい、なんとかして自力で勝ち組に入らないといけない、つまりグローバルスタンダードに適う振る舞いができなければいけないと煽られた。これが一九九〇年代前半の時代状況であり、当時の人々の頭のなかだったと思うんです。あらゆる価値が、「大きく強く」というグローバルスタンダードの単一ルールに従って評価され、そのなかで強者の側に入り、ナンバーワンにならなければいけないという凄まじい焦りが人々を翻弄した。

その強大な力に対して強い抵抗感を持った人たちがアンチ・グローバルとして結束する。「これがグローバリズムだ」と思い込まれてしまったものに対して、「それは違う」という共通認識をグローバルなスケールで持つ人たちが集まったということです。人・物・金が国境を「越える」時代だからこそ、国境を「超えた」支え合いが求められる。これがグローバル時代の本質なのだと思います。まだ充分には認識されていないと思いますが。

グローバル化をめぐる認識は錯綜しているんです。グローバル時代とは国境を超えて共に生きる時代だということが当たり前の共通認識になってほしいのですが、その潮流はなかなか形成されない。でも、アンチ・グローバルの市民運動家たちは実はそれをやっている。国境を超えてお互いを支え合い、差別や格差と闘っている。これぞ今の世界の捻《ねじ》れという感じですね。

佐高　企業が国境を越えること、資本主義が世界化することがグローバリズムだと言われてきた。しかし、それに対する抵抗運動こそが、グローバリズムを真に実現しているという逆説ですね。

浜　そうです。現に企業の活動も、国境を越えるようになれば、国境を超えて支え合わないと維持できないんです。「グローバル・サプライ・チェーン」とか「グローバル・バリュー・チェーン」とかいうビジネス用語があって、それは国境を超えて最も効率的な分業体制を構築するという論理です。国境を超え様々な人たちに支えられていないとグローバル時代の企業活動はできないということです。三・一一（東日本大震災）直後に、福島のある部品工場が壊滅的な打撃を受けたことで、世界中の自動車生産が止まりました。極小なるもののつながり合いによって極大なるものは支えられている。それがグローバルな分業という意味です。ですから真っ当な企業活動は弱肉強食ではない。公正な生態系をつくっておかないとグローバル・ジャングルは干上がってしまう。

国が第一か、生活が第一か

佐高　第三世界に対して、コーヒーならコーヒーという単一作物を生産するモノカルチャー的な農業形態を押しつけて固定化する体系を変えなければいけないということでもある。

浜　モノカルチャーを押しつけるというのは植民地主義ですよね。コーヒーしか作れないところに人を追い込んでいくとその地域は発展しない。そのような関係性は、最終的には地球全体の滅亡をもたらすと考えるべきだと思います。

佐高　少し迂回して、国家主義と国際主義について考えてみたいと思います。私は卓球をやっていたのですが、卓球の国際試合を主催するのはずっと国際卓球連盟でした。多くのスポーツ競技と異なり、卓球の選手は国家単位ではなく、地域の協会単位で出場していた。だから、大会に各国の国旗や国歌が用いられることはなかった。

その特性があったからこそ、ピンポン外交（一九七一年、愛知県で開催された第三一回世界卓球選手権に、中国が六年ぶりに出場。大会終了後、中国が米国の選手を自国に招待したことが、米中、日中の国交回復への伏線となった）が生まれた。つまり国際卓球連盟は国家を超えていたんです。残念ながら一九八八年のソウルオリンピックから、オリンピックで卓球競技を実施するために規約が変更され、卓球も国家単位での出場となってしまった。だから今後、ピンポン外交が生まれる余地はなくなったわけです。

浜　国際卓球連盟は、国際の文字どおり国を超えていたわけですね。今、「国際」というと当たり前のように国と国の集まりや連携と解釈されてしまいますが、実は国の境目を超えるのが国際という言葉の意味です。その意味に忠実なスポーツの組織がかつてあったというのは、先駆的なことだったと思います。

佐高　国家に公を独占させないということですね。日本の場合、特にそれを強調しておく必要がある。国家と言えば、すなわちそれが公共であるかのような誤解がありますから。

浜　日本語にはそういう罠に陥りやすい厄介さがあります。国民国家という言い方がよくされます。国民国家は英語で「ネーション・ステート（nation state）」です。ネーションは人々であり、ステートは国という装置のことです。ですからネーション・ステートという言葉からは、ステートという装置が人々のために働く体制をネーション・ステートと呼ぶという意味が認識しやすい。しかし国民国家と言ってしまうと、国民にも国家にも「国」がついているので、渾然一体として意味がぼやけてしまう。

いまやチームアホノミクス体制は、国民が国家に奉仕する体制が国民国家であるという方向に我々を誘導しようとしている。それは語義とまったく逆であって、国民国家とは、国家が国民に奉仕するシステムだということを厳密に認識しておく必要性があります。

佐高　加藤紘一がよく言っていたのは、保守には観念保守と生活保守があるということです。観念保守とは、国を第一と考える国権派です。それに対して生活保守とは民権派につながる。いまや生活保守がなくなった。生活は地域に根ざすものなのに、生活を忘れた観念保守派が日本社会を席巻していく。加藤はそれを深く認識し、強い危機感を抱いていました。

「日本会議」を誇大視するな

浜　ある人を保守的だと言った場合、民主主義的でない、市民の敵というイメージになりがちですね。実際に保守を名乗る人がそういう行動をとるからですけれども。語義をたどると、保守とはコンサーブ（conserve）です。「保存する、保護する」あるいは「保全する」という意味で、たとえば省エネのことをエネジー・コンサベーションと言ったりする。この言葉自体に観念保守が持っている傾向を表す何かがはたしてあるのか、私はいつも不思議に思うんです。

同様に違和感を感じる言葉が、近年ことに流行っているネオコンとかネオリベという言葉です。ネオコン、すなわちネオ・コンサーバティブと言われる人たちは、人間にとって本源的に大切な民主主義や人権をコンサーブする気がない者どもだと感じます。人間の生活にとって大切なものを守り抜かなければならないと主張するのは、むしろ従来であれば革新と呼ばれたリベラリスト、つまり自由主義者でしょう。今のネオリベはあまりにも違うところにすっ飛んでいってしまっている。今日の社会的な概念語には、発想上の混迷が見られます。今、ネオコンとネオリベが出会って今日的な国家主義が生まれる現象を見ていると、ネオがつくと危険だということは言えると思います。

佐高　戦前であれば、国家総動員法をはじめとする総動員計画の作成にあたった官僚たちを、革新官僚と呼びましたね。革新官僚的発想を大いに含み持ち、ネオコンとまさに同時代的な類似性がある安倍政権は、何を保持＝コンサーブしようとするのか。彼らは民衆の生活ではなく、たとえば天皇制をコンサーブする姿勢を打ち出す。彼らの改憲草案だと天皇は再び元首になるわけです。この方向は今の天皇にすら否定されているわけですが、いずれにせよコンサーブというのは、守る対象があるときに使う言葉です。私はいつも冷やかし的にこう言う。安倍政権にとって天皇制という権力構造は、わざわざ保護しなければ絶えてしまうような儚《はかな》いものなのか、と。

私の師匠の久野収［一九一〇―一九九九。哲学者。戦時中は反ファシズムの運動に関わり、戦後は市民による社会運動の可能性を模索した］と林達夫［一八九六―一九八四。思想家、歴史家。百科全書派と呼ばれる博覧強記で知られ、西洋精神史を研究］との対談で、林が言ったことがあります。天皇制は伝統あるものだと言われるけれども、国民に写真を毎日拝ませなければ維持できなかったような弱い伝統なのだろう。それと対抗するもののほうこそが本当の伝統ではないか。つまり生活に密着した民衆的な伝統こそ保守するに値する、と。

二〇一六年は青木理が書いた『日本会議の正体』（平凡社新書）など、天皇制国家再建を目論む右派団体として日本会議の内情を暴き立てる本が立て続けに出版されました。それは今、必要な作業なのだろうと思う反面、逆に日本会議を買い被りすぎてはいないか、とも思うんです。それほど巨大な力が日本会議にあるのかどうか、私には疑問です。ナショナリズムをいわば養殖するような日本会議を誇大視して批判するよりも、もっと民衆に血肉化している伝統を掘り起こすほうが重要ではないかと思う。

「とくし丸」に見る経済活動の原点

浜　彼らがこけおどかしを弄して皆を震え上がらせて信じ込ませようとする姿、それ自体が彼らがプロモーションしようとしている国家主義の脆弱さやお粗末さを物語っています。安倍を見ていると、ものすごくゆとりがない。常に必死になっていて、何か言われるとすぐに怒る。これは、常にこけおどかしでこの国の実情を封じ込めていないと存在していられない人たちの振る舞いですよね。それが彼らが喧伝《けんでん》する国家主義の正体です。

佐高　私の知り合いに、徳島で『あわわ』というタウン誌を発行していた住友達也という男がいるんです。昨年（二〇一五年）でしたか、たまたまテレビを点けたら『ガイアの夜明け』に彼が出ていた。彼は地元徳島で、買い物がままならない「買い物難民」の問題を解決すべく、小型の移動販売車「とくし丸」を過疎の地域に走らせました。高齢の母親が「買い物難民」化していたことが動機だったようです。また、どの地方でもスーパーマーケットや小売店が潰れていくなかで、どうにか地元の店を救いたいという思いも強かった。「とくし丸」は週二回、四〇〇品目を載せて、民家の軒先まで出張販売に行くんです。

実は、彼は「とくし丸」を始める前に私のところに相談に来たそうなんです。「そうなんです」と言うのは、私はすっかり忘れていたんですが、そのとき私はカタログハウスの創業者である斎藤駿《すすむ》さんを紹介したらしい。すると斎藤さんは「とくし丸」の計画に対して、絶対に失敗すると言ったそうでしてね。しかし「とくし丸」は大変好評を博し、現在では全国の過疎地域を走っている。意外なことに、都会のど真ん中、東京の四谷なんかも走っているんですよ。高齢者にとっては大型幹線道路は大河みたいなもので、自力で超えることができない障害物なんですね。今後は、都市部での需要も伸びるかもしれない。

小型移動車を走らせる人たちは事業パートナーで、それぞれ個人営業。商品は地元のスーパーから販売代行を委託されるかたちです。しかしそれだけでは採算が取れないので、彼が考えたのは、一品目の買い物につき、購入者にプラス一〇円を負担してもらう。これで利得が得られるようになった。

行政は一週間分のカンパンを届ければいいといった発想になりがちです。腹が満たせればいいじゃないか、と。しかし「買い物難民」のおばあちゃんも、新鮮な刺身を食べたくもなるし、柔らかいパンがほしいときもある。それに、たくさんある選択肢のなかから自分で選ぶということが喜びになる。「とくし丸」は生活物資のニーズに応えるだけでなく、人間の心の働きにも届いている。

浜　それこそまさに経済活動ですね。経済活動というものはいかに人間の営みであるかを、「とくし丸」の成功は証している。人の願望に対応することが、採算に合っていくことにつながっているのも面白い。最初に採算を考えるのは、実は経済活動の本来の考え方ではありません。市場《いちば》がどういう経緯で成立したかというと、はじめに人々のニーズがあったからで、ここに市場《いちば》をつくれば採算が取れるという発想から始まったものでは決してない。

「とくし丸」の成功は、経済活動は人間の営みそのものであることを証明している

今では四谷を走っているなんて、私の家の周囲でも助かる人がたくさんいると思います。

無頓着の連鎖が大破綻を生む

佐高　ニーズなんです。住友さんは「とくし丸」を始めるにあたって、おばあちゃんたちを訪ねてまわり、どんな悩みを持って暮らしているか、どんな不便が生活にあるかを訊いて歩いたそうです。そうやって地道に始まった「とくし丸」に今、大手のメーカーが競って新商品を積んでほしいと言ってくる。なぜなら、「とくし丸」での売れ行きがすなわち、高齢者のマーケットリサーチになるからです。しかし住友さんも一筋縄ではいかない男で、偉そうに頼んでくる大手メーカーは平気で断ったりするんですよ。

また彼が決めたこととして、地元のスーパーや小売店が残っている地域には進出しない。弱肉強食でなく、共存共栄の理念が彼にはある。なるほど経済とは本来こういうものだったかもしれないと気づかせてくれます。

浜　それこそ観念論ではない、生きた経済の姿が感じられますね。

佐高　かつて行政が負っていた役割の一部が「とくし丸」に移りつつあるとも思います。これは郵政民営化の影響の一つだと私は考えていますが、今の行政は高齢者の日々の暮らしとの接点を失いつつある。そういう社会で、「とくし丸」には高齢者を見守る役割も期待されているんです。

浜　経済活動というのは取引です。そして取引とは人と人とが出会うことにほかならない。「とくし丸」の事例で言えば、小型移動車が軒先に出向いて、販売者がおばあちゃんたちとお話しする出会いが必ずある。その出会いが採算上の成功にもつながっていることが示されています。大規模化し、効率化し、一括化し、標準化することが広がれば広がるほど、実は経済活動は本来の姿から遠ざかる。人と人との出会いがなくなればなくなるほど、経済は衰退に向かう。

リーマンショックが典型的で、あれは人と人との出会いから遠ざかった経済のなれの果てです。金融取引だって、相対《あいたい》でやっている限りは絶対にあんなことにはならない。人に金を貸し、その金が返済されるまで関係が継続されれば、ああいう問題が起きる余地はありませんよね。ところが、金を貸しておいてその借用書を人に売り飛ばせば、第一次の貸し手はそこで役割が終わってしまって、返済について頓着しなくなります。次に借用書を買った人がまた次の人に売り飛ばしてしまえば、そこで再び頓着が消える。無頓着の連鎖が大破綻を引き起こした。無頓着の連鎖とは、言い換えれば、人と人の出会いが次々に失われていくということですよ。

佐高　人が人と出会う、人が人の欲求に応えるという経済の営みの原点に立ち返って、今がそこからいかに乖離《かいり》してしまっているかを見定めなければなりませんね。私はあまりやらないのですが、インターネットを使った擬似対面販売が一挙に広がりましたよね。あれもやはり人と人の出会いの肉体性からほど遠いものがある。

「ラストワンマイル」の重要性

浜　ただネット通販にも「ラストワンマイル」は残っているんです。「ラストワンマイル」というのは、サービスが顧客に到達するための最後の区間という意味です。その側面は見ておく必要がある。

私の母親はネット通販をやっているんですね。近所にスーパーがあって、母は一人で行くことはできるんですが、大量に買い込むには遠い。もちろん私が一緒に行くこともありますが、毎回付き添うわけにもいかず、母はネット通販を利用しています。それはたしかに擬似的な関係になるのですが、でもやはり経済活動というものは人と人との出会いから離れられないとつくづく思うのは、注文品を配達に来てくれるおじさんやお兄さんと一瞬ながらそれなりの交流がある。「いつもありがとうございます」「またよろしくお願いします」という挨拶があったり、たまにはアンケートを求められたりもする。最後の部分ではやはり人と人の出会いがないと経済活動は成り立たないと思うんです。

「ラストワンマイル」という言い方が最初に出てきたのは、通信の世界です。どれだけ広範囲に電線を張り巡らせても、人が住む家に引き込むことがなければ通信は成り立たない。電気の普及にはその最後の一マイルや一キロや一〇〇メートルが問題だというところから言われ始めたんですが、ネット通販でもそれは言える。大量発注・大量受注と言っても、それをお客さんの手元に最後まで届けるのは結局のところ人なんです。まさに人・物・金のうごめきのなかで経済活動は行われるわけですが、いかに完璧に構築されたＩｏＴの時代などと言っても、そこで人をないがしろにしてはだめだというサインが随所にあらわれている。「とくし丸」は、絶対に失敗すると言われた事業が、人を大事にする、人と人の出会いを経済の原点から考えることによって成功した好例ですよね。

佐高　事業パートナーである移動販売車の人たちのなかで、平均よりも売り上げを伸ばすのは、高齢者たちへの観察が深い人だそうです。「とくし丸」は食品だけでなく生活用品も積んでいるのですが、たとえば「おばあちゃん、そろそろトイレットペーパーがなくなる頃じゃない？」と、販売を通して顧客の生活サイクルを把握する。そこが売り上げの差になってくるそうですよ。

浜　富山の薬売りみたいですね。それが現代に甦っているのが面白い。

佐高　自分の仕事が成り立って、なおかつ顧客から感謝される。これはお互いに活力になりますよね。Uターン組やIターン組をはじめとして、いろんな業種から「とくし丸」の事業パートナーに転職する人が増えているらしい。

浜　新しい経済と言いますか、真の経済活動が再び芽生え始めたということではないですかね。世の中で通念的に考えられている経済活動が、あまりにもその原理から遊離していったために、本来の姿が反動として甦ってきている。

第４章　地域通貨が安倍ファシズムに反逆する

言語の統一と通貨の統一

佐高　『「通貨」を知れば世界が読める』（ＰＨＰビジネス新書）という浜さんの本のなかでも言われていましたが、やはり地域という概念がいよいよ大事になってきています。そこで考えたいのが、ＥＵ統合に際した通貨と言語の問題です。通貨と言語は似た面と違う面があると私は思う。しかしＥＵは通貨を統一しましたが、言語を統一することはありませんでした。それは議論の末に決まったことですか。

浜　言語を統一しないというのは、むしろ議論の余地なく、ＥＵ各国すべての言葉がきちんとそこに存在していなければならないという考えがあってのことだと思います。会議に用意された通訳の数たるや大変なものですけれど、独自言語の保持は民主主義の根幹でもあるという認識は根強いと思います。

もちろん様々な機微があります。ヨーロッパでは共通言語をドイツ語にするわけにはいかないという忌避感はあるでしょう。フランス語はドイツ語ほど敬遠されていないけれども英語ほど一般化していない。英語を共通語にすることにはフランスが絶対にイエスと言わない。そういう各国のアイデンティティに関わる危険な領域に足を踏み込んでしまうから、言語の統一については議論せずに済ませたのかもしれない。ただ、それでもまだ言語に関する不満はヨーロッパに残っています。カタルーニャ語だってケルト語だって本当はEUの公用語であるべきだという議論もある。

実は通貨についても言語についてと同じ発想が貫かれていてしかるべきだったと思います。まだEUの全域で通貨が統一されてはいないのですが、言語について統一を考えないならば、なぜ通貨について統一を考えたかということのほうがむしろ問題だと私は思うんです。佐高さんがおっしゃったように、人々にそれぞれの言語があるように、それぞれの経済に見合った通貨がある。そのほうが自然体ではありませんか。

かつて日本円やイタリアのリラという統一通貨ができるときも相当な苦労がありました。長い時間をかけて経済活動が収斂《しゅうれん》してきて、熟した果実が落ちるがごとく、一つの通貨になった。多くの場合は一国家一通貨になったけれども、それは強制的、人為的に操作されたというよりも、成り行きの産物です。人為的な通貨統合も経済的に無理がない場合にしか定着しない。

無理な通貨統合には必ず軋《きし》みが生じる。アメリカは、全米がドル単一通貨圏であることは経済的な同質性という面からも無理だったと思いますし、現在それがはっきりあらわれてきましたよね。日本でも地域格差が大きくなってきていますから、様々な矛盾がこれから表面化してくるでしょう。だから言語を統一するのと同じくらい、通貨の単一化は合理性がないと言ってもいい。さらに言えば、言語の統一はファシズム体制が最初にやろうとすることです。独自の言語を人々から奪うということ、それと同じくらい、通貨統一にも合理性がないと言えるかもしれません。

エスペラント語は何を目指したか

佐高　日本は戦時中、大東亜共栄圏と称して植民地支配した地域に神社の鳥居を建てさせましたよね。その土地固有の文化や文明に触れてはいけないという感覚が、日本は著しく乏しい。大東亜共栄圏と並べるのは極端かもしれませんが、ＥＵはその禁を犯さなかったとは言える。

浜　それはヨーロッパの国々の間の話だからではないですか。それぞれの国が植民地にどう振る舞ってきたかは別の問題として厳然とありますよ。たとえばスペインで、フランコの独裁体制のもとでは、カタルーニャ人はカタルーニャ語を使うことを禁止されました。

佐高　たしかにＥＵは横の関係でした。植民地支配の問題は西欧各国にも根深くありますからね。

私はエスペラント語に興味があるんです。実際に話すことはできないんですけれど、世界共通語を目指してつくられた言語だというところが面白い。

浜　一九〇五年に第一回の世界エスペラント大会が開かれますが、第一次大戦後、国際連盟創設への流れのなかで、エスペラント語はさらに広がっていった。世界統一国家とまでは言わないけれども、世界平和という理念の一環として注目されました。理想主義にもとづいた言語統一論ですよね。それは欧州統合の理念にも通じるところがあります。

現在のＥＵに至る欧州統合の歩みは、恒久平和を目指すということから出発しました。欧州諸国が一つの共同体の一員になってしまえば、なかんずくドイツとフランスが一つ屋根の下に収まれば、ヨーロッパ人どうしが殺し合うという惨劇を繰り返さずに済むであろう。この理念は素晴らしいものであり、そこに異論を差し挟む余地はないんですが、しかしそのために経済統合という道筋を選んだことが、かえって正反対の仇《あだ》を招いてしまった気がします。エスペラント語も似たところがある。平和裏に皆が共存することを切望する燃えるような情熱は理解できますが、言語統一という方向には無理があったのではないか。

佐高　ただ、エスペラント語は統一語というよりも、補助語の側面がありますよね。人々が今話している言語に取って代わるというわけではない。エスペラント語は厳しく弾圧されました。スターリン体制に抵抗したユーゴのチトー大統領は優れたエスペラント語使いでした。チトーも権力を持つようになると弾圧する側に回ってしまったんですが。スターリン体制下では、文化領域では切手収集家とエスペランティストが顕著に弾圧されました。切手収集は国際性を持つ趣味ですよね。海外との文通という国際性の窓になり得る。エスペラント語もまた世界につながるものです。ポーランド人のルドヴィコ・ザメンホフが考案したエスペラント語は、世界制覇を志向してはいない。あくまで国際性に向かう手段に留まるものでしょう。その意味で、エスペラント語は、通貨に似た面があると思うんです。

単一通貨と共通通貨

浜　補助的な言語と言われましたね。それは単一の統一言語ではなく共通言語という意味で、大事な側面だと思います。通貨の世界もそこに鍵があったかもしれない。ユーロは欧州単一通貨であり、ドイツもフランスもイタリアもギリシャも自国通貨を放棄してユーロに統一しました。しかしそうではなくて、各国が自国通貨を持ちつつ、ユーロという共通通貨で国境を超えた取引をするという方法もあったはずです。

通貨について共通と単一を混同してはいけないと常々考えてきたのですが、佐高さんのお話をうかがって、実は言語もそうなのだとあらためて感じます。通貨について言えば、戦後はドルが世界の共通通貨でした。それほど長く続きませんでしたが、今でもドルが共通通貨という傾向は多少はありますね。国どうしの付き合いのなかで、皆が共通に使う通貨が、ある特定国の通貨であるということをどう受け止めるか。その通貨や言語に突出した力があるから致し方ないとこれまで納得してきたわけですが、しかし現在のグローバル時代は、一つの国が突出することを許さない時代だという気がします。

佐高　ユーロ圏において、ユーロを単一通貨でなく共通通貨にとどめようとする議論はあったのでしょうか。

浜　単一通貨と共通通貨の違いが明確に議論されたとは見受けられません。そこにはご都合主義もあると思います。最初のうちはコモン・カレンシー（共通通貨）という言い方が多かったですが、次第にシングル・カレンシー（単一通貨）と言われるようになっていった。

もしかするとそれは、東西ドイツの統一が進んだ状況下で、コモン・カレンシーという言い方で議論が進めば、ドイツ・マルクが欧州の共通通貨になる可能性が高いと思い至った人たちがいて、それを避けるためにシングル・カレンシーという言い方に収斂《しゅうれん》していったのかもしれませんね。

佐高　シングルとコモンをめぐって、ユーロ統一のなかでも様々な思惑があったということですね。

また話が飛ぶようで恐縮ですけれど、私の故郷は酒田市ですが、それと隣接する鶴岡を故郷に持つ石原莞爾《いしわらかんじ》［一八八九―一九四九。軍人。関東軍陸軍参謀として「満州国」建国に注力、ファシズム運動を推進した］に決着をつけるために、『石原莞爾　その虚飾』（講談社文庫）という本を書きました。そのなかで触れたのですが、石原は満州国にエスペラント語を採用しようとしていたんです。そこには英語への強い反発があった。英語ができる、できないで人間をはかるなんてとんでもないと、石原は書き残しています。エスペラント語を共通語にして、満州に五族協和の右翼的ユートピアをつくろうという構想は、大日本帝国の命運とともに消え去り、現地の人々に日本語を押しつけた負の歴史が残りました。

仮想通貨の生みの親はケインズ

浜　権力の横暴さと、通貨および言語がどう取り扱われるかということの間には対応関係があると思います。真に多様性を包摂し許容する社会においては、統一言語や統一通貨の議論はことさらには出てこないのではないか。しかし、国家というものはそれを統一したがる傾向が強いですよね。統一することで国家が国民によりよく奉仕してくれるようになるならその選択もあり得るが、国家を強化して国民を統治するために統一性や一元性を強化するなら、それは多様社会とまったく逆方向に向かってしまう。

佐高　そのとき国家の側は必ず「便利になりますよ」という言い方をします。便益をダシにしながら支配を強める。盗聴法に始まる監視の強化などにも、そのやり口は明らかです。

世界的にエスペラント人脈というものがあります。アンドレ・ブルトン、ロマン・ロラン、レフ・トルストイ、日本だと大杉栄、堺利彦、吉野作造、井上ひさし、高木仁三郎《じんざぶろう》、

『週刊金曜日』では本多勝一がかなり熱心にエスペラント語を学んでいました。今でも印象に残っているのが、本多勝一と筑紫哲也と私で『週刊金曜日』で座談会をやったときのことです。筑紫さんが「（新造の）エスペラント語は（歴史的に）引きずるものがない」と指摘すると、本多さんが「だからいいんだ」と言ったんです。私は筑紫さんに共鳴することが多かったんですが、このときは本多さんの言葉にひどく納得した覚えがあります。

浜　手垢がついていないから希望になり得るというのは、よくわかります。既存のものを新しく使おうと思っても、どうしても既存のものの元々のオーナーが力を持つことになってしまいますからね。

石原莞爾・関東軍陸軍参謀

戦後、国際通貨体制ができるとき、アメリカは事実上のドル本位体制を主張しました。それに真っ向から反対したのがイギリスのケインズ［一八八三―一九四六。イギリスの経済学者。ケインズ革命と呼ばれる経済学の大変革を引き起こし、今日の経済政策に多大な影響を与えた］で、彼は「バンコール」という超国家的な合成通貨をつくろうとした。今風に言えば、ビットコインなどの仮想通貨の元祖はバンコールだったと言ってもいいでしょう。誰の持ち物でもないもの、誰の手垢もついていない通貨をベースに、戦後の新しい金融秩序をつくろうとしたわけです。もちろんケインズにはアメリカに主導権を握られるのは嫌だという腹もあっただろうけれども、あの時点で新しい通貨と金融の体制に移れていたかもしれないという可能性を今になっても見せてくれる。その後のドルに依存した体制は長続きせず、ニクソン・ショックで終わってしまったわけですから。

過去にあり得なかったこと、あり得たかもしれないことも、歴史の教訓なのだと思います。石原莞爾のエスペラント語採用は、負の教訓かもしれませんが、エスペラント語にせよ、バンコールにせよ、言語と通貨の関係にせよ、多くの教訓を我々は持っている。それらを踏まえて今の時代をいかに生きるかを考えてしかるべきなのですが、その教訓を今に活かすのではなく、戦時すら「古き良き時代」と見なし、そこに立ち戻りたい、その遺産を取り戻したい、という病が流行っている。

歴史的教訓を踏まえるなんておよそ面倒とばかりに、時代錯誤的な栄耀栄華《えいようえいが》の夢を見たい人があちこちに出てきて、それが人々の支持を得てしまう。さらにその愚の骨頂、邪悪の極みのような今の体制を支持する人々というのが、その愚かしい誇大妄想の夢を持つ人たちに最も虐《しいた》げられている人々、あるいは虐げられることになるであろう人々だという悲劇が私たちの目の前にある。

格差が地域通貨を生み出す

佐高　その構造こそが今の安倍ファシズムの根本ですよね。そのあたりの現代の階級と支配体制について、またそれをどう壊すかについては、改めて後でまとめて話し合いましょう。

通貨の話に戻りますが、浜さんの本を読んで、「隠れ基軸通貨」という捉え方が特に面白かったです。アジア通貨危機の真の要因は、ヘッジファンドとかではなく、グローバル経済に影響を与える「隠れ基軸通貨」たる「円」だった、と。また、キャンディから地域通貨が生まれたという話も、経済についての非常にわかりやすいお話でした。

浜　あるとき、イタリアで硬貨不足が発生した。普段の買い物のなかで釣り銭にも困ることになってしまったのです。そんなとき、機転をきかせたお店の人が、「お釣りが足りないから、キャンディでいい？」と言い出す。そうするとキャンディはその地域で通貨としての通用性を持ちあわせることになってくる。そこには必要にかられて生まれた地域通貨というものの原点があり、経済の本源的なからくりが見え隠れしているわけです。

佐高　地域通貨という発想は、国家が定める法定通貨とは別の位相にありますよね。地域通貨は法定通貨の補助的なものなのか、あるいは国家の法定通貨を包み込んでいくのか。あるいは法定通貨に対抗するものなのか。

浜　それも時代によって変わってくるというか、国家と人々の対抗関係に規定されるのだろうと思います。今の日本のように国家財政が危機的な状況になり、マイナス金利だとかいう話になってくると、この状況は我々をどこに連れていくかわからないという恐怖感から地域通貨が生まれる可能性がある。地域通貨の時代が来る。そう私はずいぶん言い続けてきました。今のように、狂気の沙汰としか思えないような金融政策や通貨政策が前面に出てくると、それが後押し材料になって本当に現実化するかもしれない。しかしそういうふうに地域通貨が広がっていくと、これは国家権力にとっては脅威ですから、国家は必ず抑えにかかってくる。それこそ自衛隊を派遣して止めさせるくらいのことをしかねない。そういう意味では、今の日本において考えれば、国民単一通貨と地域通貨は完全に対立する構造になる。

しかしながら、開明的で包容力のある国民国家が誕生するとすれば、一国多通貨という格好で、当たり前のように地域通貨が使われる状況になってもおかしくないわけです。それこそ言葉の正しい意味での経済合理性から考えて、今日本が円単一通貨圏である必然性はどんどんなくなりつつある。すでに地域格差は顕著に出てきていますし、国の財政が真っ当に所得再分配をやってくれないとなったならば、その時点でこの国が単一通貨圏であり続けることに無理をきたす。自然体で行けば一国多通貨に向かってしかるべきなんです。国家がとんでもないことをやり始めると、その自然体が一段と加速するでしょう。人々は今、マイナス金利を回避しようとして現金をいっぱい貯めています。それは地域通貨に一足飛びにはつながらないけれども、地域化の流れに道を開くファーストステップだという気もしています。

すべての通貨は仮想である

佐高　地域通貨に至る自然の流れを、自衛隊を使ってまで止めようとするというなら、止めようとする側のほうが非合理だということですよね。これは国家の側がでっち上げる伝統と、民衆のなかに自然に培われた伝統という話にも通じることです。また地域的な動きを弾圧するとき、彼らは愛国心に訴えてきますが、そういう場合、私は愛郷心の側に立つ。私は山形を愛するがゆえに、日本に敵対する。それが正しい道である、と。故郷と国の最大の違いは、国は軍隊を持ち、故郷は軍隊を持たないということでしょう。

通貨についてもう少しお話ししたいのですが、一九九九年にNHKの『課外授業　ようこそ先輩』というテレビ番組に出演したとき、生徒たちに宿題を課したんです。それは「お札をつくってください」というテーマでした。生徒たちは面白い答えをたくさん持ってきました。「悪いことに使うと消えるお札です」とか、「不景気だから大事に使わないといけません」とか。その課題を出したとき、私の念頭にあったのは、竹内好《よしみ》さん［一九一〇—一九七七。中国文学者。魯迅の翻訳で知られる。日本とアジアの関係史を独自に研究した］が偽札について書いた文章でした。ときどき偽札事件が起こるが、それを報じる新聞は偽札が何枚発見されたとか、どういう図柄だったかとか、そういうことしか問題にしない。いやしくもジャーナリズムというならば、必要以上に発行されたお札はすべて偽札であると論じるくらいの視点を持て。竹内さんがそう書いていて、私は目を開かれました。そのことを私は生徒たちになんとか話してみたいと思いました。しかしながら小学生にはなかなか難しい話ですから、あわせて偽札騒ぎの話をしました。

昭和二年の金融恐慌のとき、最初に東京渡辺銀行が破綻した。破綻によって取り付け騒ぎが起きるのに備えて、大蔵省が緊急措置として二〇〇円札を発行した。しかし緊急性を優先したがために、表面だけ印刷をほどこし、裏面は真っ白だった。これがいわゆる裏白《うらじろ》紙幣ですね。なんと、この紙幣を使った人が逮捕される。大蔵省から警察への連絡が行き渡っておらず、警察は裏白紙幣の存在を把握していなかったからです。裏が真っ白なのですから、いかにも偽札らしいですしね。

この話をすると、ピンと来る生徒が何人もいましてね。「本物と偽物はまったく違うものだと思っていたけど、すごく近いものだとわかった」と言ってくれた。

浜　裏白通貨の面白いところは、裏が白いから信用されないというわけではなくて、発行主体に対する信頼がなくなってきたからいかがわしく思われるようになったというところです。逆に、表に二〇〇円と書いてあるだけの紙でも、政府や中央銀行が信頼性を持っていれば問題ない。やはり経済は人だということです。ですから例えば、「日銀」と書かれてある藁半紙《わらばんし》が信用され、綺麗に印刷された紙幣でも「日本国政府」と書かれてあると信用できないという事態もありうる。ただ、今は日銀も日本国政府もどちらも信用できないですけどね。

突き詰めていくと、信用されているかどうかが、通貨が通貨であるかないかの核心です。その意味ですべての通貨は基本的に仮想通貨なんです。それはどこまで行ってもそうで、金貨や銀貨は仮想ではないかというと、金貨のほうが価値が高いと決めているのは人間であり、それを人間がお互いに約束し合っているから価値を認められているだけです。そう考えると、通貨ほど人間的なものはない。その根本的なところが、金融恐慌のようなときには表面化して問われることになる。今も近似した状況だと言えます。

これは愛国心と愛郷心の話にも重なる。郷里は人、国家は装置ですよね。装置を愛せというのと、故郷を構成する人々を愛せというのは、全然意味が違う。それをあたかも同じことであるかのように、人をちょろまかそうとするのが権力の謀《はかりごと》というものです。

佐高　まさしく、そう思います。

偽物化する日本

浜　そこで思い出すのが、世界中で愛されているジョン・F・ケネディ大統領の就任演説の言葉です。「祖国があなたのために何をしてくれるかを問うなかれ。あなたが祖国のために何ができるかを問うべし（Ask not what your country can do for you, ask what you can do for your country）」。この演説にアメリカの民衆は盛り上がりましたが、実を言えば、これは猛烈に全体主義的な言い方ですよね。そんなつもりじゃなかったのかもしれませんが、かなり危うい発想だと思います。面白いのが、ここでケネディがカントリーという言葉を使いました。ここでネーション（nation）を使えば民族主義になりますし、ステート（state）を使ったら国家主義的ですし、どちらも顰蹙《ひんしゅく》を買ったでしょう。だからケネディはカントリーを使ったわけですが、これはなかなか策略に満ちた発想です。都会を意味するタウンと違って、マイ・カントリーと言えば、出身国を意味する上に、故郷、郷里、田舎のニュアンスが醸し出せる。このニュアンスがあるからこそ、カントリーという言い方がアメリカ人のハートを捉えたのだと思います。

佐高　ケネディ自身はアイルランド系ですよね。彼自身のネーション・ステートへの憧憬《しょうけい》があったのかもしれない。

浜　彼自身のアイデンティティとの関連まではわかりませんが、演説の言葉づかいとしては、祖国と国家の違いが大きい。祖国というニュアンスを出すために、カントリーという言葉が使われている。現在はケネディの時代よりもさらにこういう狡猾な概念操作がいたるところに潜んでいるわけで、我々は常に意識をはりめぐらせて、誑《たぶら》かされないように気をつけないと。

佐高　安心して委ねるなということですよね。先ほどの授業の最後に、私は中世ヨーロッパにおける「三つの指輪」の話をしました。三人の息子を持つ父親がいる。息子たちはそれぞれ、家宝の指輪を自分に譲るように訴えたが、父親は考えた末に家宝によく似た指輪を二つ作らせる。もはや自分でもどれが本物か偽物か区別できない三つの指輪を、父親は息子たちに与えた。自分の指輪が本物だと信じて頑張れば、いつかそれが本物だとわかるから、と。この話をすると生徒たちは混乱しましてね。「だったら最初から本物を混ぜたりしないで、三つの偽物を配ればいいじゃないか」なんて言われました（笑）。

浜　それは鋭い指摘ですね（笑）。

佐高　安心するなということを言いたかったんですが、生徒たちにかえって余計な混乱を与えてしまった。

浜　今、安倍に安心して委ねてしまう人々が多いことが深刻です。最も安心できないのに。

あらゆる物事がどんどん偽物になっていく状態をチームアホノミクスはつくっている。日本円はどんどん偽物化していき、日本国債はもともと限りなく偽物に近いものでしたが、正真正銘の偽物になった。経済政策だって極めつけの偽物です。経済政策の顔をしながら、軍備増強のためにやっている。労働者のためではない労働法制の改変も偽物です。何一つ本物がない状態になってきつつある。

しかし希望はある。だからこそ、本物に回帰しようとして様々な動きが生まれてくる。「とくし丸」の話もまさにそうで、本物の経済活動がそこにある。人間はそれなりに賢いですから、状況がどんどん偽物化していくと、自分たちでもう一度本物を探し当てようとする動きをし始める。今はそこにわずかだけど強い希望が持てる。

経済からしっぺ返しを喰らう

佐高　安倍を支えてしまっている人のなかには、経済が、政治や社会とは別に自立していると錯覚している人が多い気がするんです。

浜　本来は自立してあるべきだと思うんです。経済活動はとりわけ人間の本能に根差す営みだから、政治や社会が偏ると、おのずとバランスをとる方向に動きます。それを近代経済学においては、経済活動は必ず均衡点を探るという言い方をする。なぜそうなるかを近代経済学は説明し得てはいませんが、私の考えはこうです。人間の精神は基本的に健全なもので、あまりに歪みや捻れが大きくなってくると、やはりこれではまずいと皆が思い始める。その不安によって恐慌が起こる。だから、政治の介入や思惑で経済を動かそうとすると、とんでもないしっぺ返しを喰らうんです。

佐高　竹中なんかが、経済は難しいものだから、自分たちにしかわからないものだという言い方をしますよね。専門性を強調することで人々を寄せつけず、そこで好き勝手なことをやる。専門性を強調するような言い方に乗りやすく、説得されてしまう人々が多いことも事実です。

私は商工会議所などに呼ばれて話をすることがありました。最後に質疑応答の時間になると、「今後、株価は上がりますか?」とよく訊かれたんですよね。「それは別料金だ」なんて半分ふざけて私は返答したんだけれども、経済というと、専門家にしかわからないというイメージを持たれていると毎回痛感します。

浜　経済を専門性に閉じ込めるのは、明らかに権力側の経済学者の自己防衛的なものがある。実はすごくシンプルな話でも、そう簡単にわかられては困るから複雑怪奇なセットアップをして見せるところがある。

ただし、意図的に難しく見せようとしているわけではなくても、何やら経済学が難解になる場合がある。それは経済学の自然科学コンプレックスがなせる業《わざ》だと思います。近代経済学を自然科学っぽくする試みの結果なんです。自然科学コンプレックスがどこから発生したかというと、一つは大恐慌を予見することができなかったということへの反省です。もっときちんとデータを見て読み解くべきだったという経済学者たちの反省があり、そこから計量経済学や理論経済学が生まれました。それはまともな反省ではあったのですが、そこを起点に、次第に経済学が卑屈になっていった。

実験できないものは科学ではない。唯一の解答が出ないものは科学ではない。再現性がないと科学ではない。そういった言い方に対して経済学が、社会科学とはそういうものではない、いわんや経済学は人間の営みであるから自然科学とは異なるんだと力強く逆襲できず、自然科学と同様の客観性や再現性や実験性があると仕立てようとして、どんどん数学にのめり込んでいったという経緯が一つの問題としてあったと思います。さらに大型コンピュータが出現して、それを使うことのできない学問は現代の学問ではないという発想がビッグデータコンプレックスを生んでしまった。

しかし、アダム・スミス［一七二三―一七九〇。イギリスの経済学者、哲学者。主著『国富論』により、近代経済学の始祖とされる］はもちろんビッグデータなんて使っていないし、実験もしていない。むしろ文学的な表現を使って、人間の営みとしての経済を語っている。ケインズもそうです。そうした経済学の流れから、近代経済学がどんどん遠ざかってしまったことが一つの難点として存在する。

佐高　興味深い指摘ですね。

政権とメディアが使う「業界用語」

浜　人間を人間的に語るのは科学的ではないという考え方の人たちが、どうも経済学の世界のなかにかなりいるように思います。認識の仕方が多少とも文学性や物語性を帯びてくると、客観的でないと馬鹿にされる気がして、ことさらに科学風の言辞を弄してしまう。いわば着飾ってものを言っているのですが、それが経済学の科学性であると思い込んでいる。あるいは思い込まされている人々が多いように感じるのです。その殻を破って普通の人間の語り口で経済を話すという勇気がなくなっている気がしますね。官庁エコノミストや日銀の人たちもそうです。わからない言語で話すことは一種の隠《かく》れ蓑《みの》にもなりますから。

九月二一日の日銀の総括的な検証なるものをベースに出てきた説明自体も典型的にそうですが、特に記者会見のやりとりを見ていて、メディア側の責任もかなりあると思いました。説明を聞いている側までもが、相手の繰り出した訳のわからないテクニカルな言葉で話してしまう。「フォワード・ルッキング」だとか、「オーバーシュート型コミットメント」だとか、訳わかりませんよね。業界内でそういった言葉をお互いに了解し合っているのは理解できる面もありますが、記者会見という場ですよ。
記者の先には一般の人たちがいて、記者たちはその代理として質問をぶつける役割がある。どうして「そんな言われ方をしてもわかりませんよ」と言わないのでしょうか。政権側とメディアが業界用語を共有して同じ穴の狢《むじな》になってしまっていることも、人々が経済を権力側に委ねてしまうという問題を増幅していると思います。

佐高　経済学の動向についてうかがっていて、経営学と経営者も同じようにどんどんつまらなくなったと思いました。今の経営者って面白くないんです。面白かったのは、例外的に本田宗一郎くらいでしょうか。なぜだろうと考えてみると、リクルートの江副浩正《えぞえひろまさ》にしろ、堀江貴文にしろ、一つ象徴的に言うと、彼らは小説をほとんど読まないそうです。金を稼ぐことは良いことだという単純な行動原理で動いていて、人間というものの、単純にわりきれない豊かさや膨らみや暗部に向き合う知力がない。

浜　江副や堀江はおのずと体質的にそうだと思います。竹中平蔵だって面白くないですし、言語能力にも極めて問題がある。
佐高さんのご指摘との関連で思うのは、今の日本の経営者たちのなかに小説や哲学書も読んでいる人々がいるとしても、彼らはその世界を経営の世界とまったく切り離しているということです。人間と経済の乖離が、一人の経営者の内面でも発生している。経営を語るに、

業界用語が飛び交う
日銀・黒田総裁と記者のやりとり

記者　2%への道筋について、改めてお伺いします。金融機関からは、マイナス金利になっても資金需要が伸びていかないとか、企業あるいは家計においても**イールドカーブがフラット化し過ぎてマインド面での不安感があった**という話が聞かれます。今後、ターゲットを金利にした場合、イールドカーブがより**少しスティープ化する**ことによって、予想物価上昇率が、例えば日本の場合、適合的なところから**フォワード・ルッキングなところへの転換**が図れるのか、どういうメカニズムなのか、金利を主軸にしたことによって2%への道筋がより描かれやすくなるとみているのかどうか、もう一度、教えて下さい。

黒田（前略）ご指摘の**イールドカーブが過度にフラット化**することになると、広い意味での金融機能の持続性に対する不安感をもたらしたり、**マインド面を通じて**経済活動に悪影響を及ぼす可能性があることは、「総括的な検証」の中でも述べられているところです。（中略）

加えて、もう1つの重要な要素である**「オーバーシュート型のコミットメント」によって**、この両者が相俟って、2%の「物価安定の目標」の早期実現に向かって金融緩和を強化したと考えています。

（2016年9月21日、黒田総裁会見）

小説の言葉で語ってはいけないと彼らは思っている。企業が存続し、ずっと成長し続け、儲けることがレゾンデートルなのであって、そこに余計な倫理性や哲学性、物語性など取り込んではいけない。そんなことをしては時代遅れだし、プロフェッショナリズムに欠けるし、知性を疑われると恐れている。だから、小説も読むし、哲学書にも親しんでいるが、ビジネスにおいてはそういうことは除外して、経営用語だけで語らなければいけない。そう思い込んでいる人が多くて、経済の「人間離れ」は佐高さんのご認識以上に進んでいると思うんです。

あまり好きな言葉ではありませんが、かつての日本で「財界人」と言われた人たちは、それなりに哲学性や文学性をもって物事を見ていましたね。保守政治家にも哲学があった。そうした資質がどんどん消え失せて、テクニシャンに徹するほかないという態度が世の中に蔓延している。多くの経済学者たちは経済技術屋になっていて、経済技術の最新用語で話せなければいけないと思っている。こういう情況も、偽物たちに騙されやすくなっている温床だと思います。

日銀内部から反乱を起こせ

佐高　危機の時代は特に、テクニックでは乗り越えられない。私は日本興業銀行のトップだった中山素平《そへい》［一九〇六―二〇〇五。戦後復興期から高度経済成長期を代表する銀行家、経営者。財界の論客としても知られた］が好きで、何度か取材しました。中山さんは昭和二年の金融恐慌を見ていて、ああいうことを二度と起こしてはならないという思いが彼の原点にはあった。だから湾岸戦争のとき、彼は自衛隊の派兵なんてだめだと当然のように主張した。また、憲法改正なんて論外だとも言っていた。中山さんは城山さんとも親しい一方で、石油ブローカーで右翼活動家の田中清玄とも付き合いがあって、なかなか幅のある人でした。危機の時代には哲学が必要なのだとわかっている人でしたね。それがわからない今の経済学者や経営者は危うい。彼らはアホノミクスに期待し、すりよってしまうでしょう。

浜　どうしてこんな情況になってしまったのか。それは根深く歴史的構造的な問題なのですが、一つ、ビジネススクールというものの存在が良くないのかもしれない。これはあながち冗談でもなくて、リーマンショックの後、ハーバード大学などは反省して、経営倫理というものをしっかり学んでもらう必要があると言い出しました。逆に言えば、それまでは経営倫理を重視していなかったということになる。

中山素平・元日本興業銀行頭取

経済学はテクニックに向かっていく傾向がすご

く強くなってしまっているわけですが、それは政治が煽っている方向性でもあります。今、大学や高校での文系不要論がまかり通り、権力側は、さらにテクニックばかりを教える方向に持っていこうとしています。この傾向が進めば進むほど、技術は知っているけれども頭のなかは空っぽという人が増えていく。

実はそれは国家権力が望むところです。今の経団連の役員クラスに名を連ねている経営幹部たちは、まさに思う壺にはまってる人たちではないでしょうか。理念や倫理から発言する人がもういなくなってしまった。

佐高　今の日銀と安倍政権の関係で言うと、日銀は小手先のテクニカルなことばかりやろうとしている。小手先というか、日本経済を殺すようなとてつもない結果をもたらすことであるわけですが、安倍はそのテクニカルなことの本当の意味がわかっているのかというと、まるでわかっていないですよね。ならば倫理は、というと、これもまったくない。

浜　彼には、僕ちゃんが世界一になりたいという思いだけがある。今の日銀と安倍政権の関係ですが、チームアホノミクスの魂胆は、日銀を御用銀行として使うということであり、それがずっと続けられるような仕組みがつくられてしまった。日銀のなかから反乱と革命が起こってしかるべきですが、それはものすごく勇気の要ることですし、あるいはそういう気持ちのある人はひっそりと辞めていっているのかもしれません。側面からでも革命を起こしてくれればいいんですけれど。

佐高　日銀からは、辞めた人やOBの発言すら出てきませんね。

浜　OBは、外から言うと中にいる人を傷つけると慮《おもんぱか》っているのかもしれませんね。

佐高　白川方明さんが日銀総裁だったとき、彼に対してのデフレの責任を問う論調、また彼への叩き方は異常でした。あれを見ていると皆、萎縮してしまうでしょう。

浜　白川さんはいかにも頼りなさげな人で叩かれやすかったのかもしれませんが、言っていることは真っ当でした。

白川方明・前日本銀行総裁

日本においては「影の日銀」、シャドウ・セントラル・バンクを構想したほうがいいと思います。民進党が語る「次の内閣」などという情けないものではなくて。「影」のほうが怖くて迫力がある。「影」と自己認識すれば、あとはいくらでも足を引っ張ればいいんですから。「影の日銀」を密かにつくっていただきたい。

佐高　あるいは「裏の日銀」「地下の日銀」ですね。

浜　それこそ日本経済が地下化していく。物々交換をしたり、現金を隠し持ったり。皆が地下に潜っていく。そこに地下の中央銀行ができる。それは本質的な現状批判であり、地域と人間が主体になる未来への展望でもある。

佐高　まるで闇市のような、プリミティブな経済活動ですね。

浜　ええ。プリミティブだけど、人間の出会いがある経済です。

佐高　プリミティブ、つまり原初的であること。経済を人間の必要性とそれへの応答という根っこに引き戻すということですね。ここでも「とくし丸」がまた顔を出してくる。

浜　アナザー・エコノミー。アナザー・ワールド。それを本気でしないとどうしようもないところにまで来ていると思います。

第5章　マルクスの『資本論』は現代にも有効か

城山三郎は哲学的に経済を見た

佐高　バブルの頃、経済を語る者のなかで、バブル派とアンチバブル派はきれいに分かれていました。そして、アンチバブル派は極めて少数派だった。経済にバブルはつきものだなどと言って煽ったバブル派の筆頭に、長谷川慶太郎［一九二七—。経済評論家。石油危機の際に中東戦争を予測し注目され、以後世界経済の分析を続ける］と堺屋太一［一九三五—。作家、経済評論家。小渕、森両内閣で経済企画庁長官を務めるなど、政治への関与も深い］がいて、現在その系譜に竹中平蔵がいる。アンチバブル派として、長谷川と同い年の城山三郎、堺屋と同世代の内橋克人［一九三二—。経済評論家。企業、技術、医療などを、人と人との共生という視点から見つめる］、そしてその系譜には私がいると自負しています。またこの系譜の先人には、石橋湛山を置くことができるとも思います。

　長谷川は鉄面皮にも城山さんを批判しましたが、それは私から見ると話の次元が違う議論でした。バブル派は、経済を数字や株でしか考えない。対してアンチバブル派にとって、経済は哲学的な土台の上に考えるものです。たとえば城山さんは一橋大学で哲学研究会に入り、「哲研の杉浦」（城山氏の本名は杉浦英一）と呼ばれるほど哲学に没頭した。人間や社会はいかにあるべきかという問いとともに経済をとらえる訓練を積んでいる。この違いが人をバブル派とアンチバブル派に分けたと思うのです。

浜　人間はどうあるべきかという問いを抜きにして経済学は成り立ちません。長谷川慶太郎一味は、経済学的な見地からものを見ているとは言えない人々です。逆に言えば、哲学的な問いに足を踏み込んでしまうと「経済にバブルはつきものだ」などと言えなくなってしまうから、数字とテクニックと金儲けに逃げているという面もあるかもしれません。

元を正せば、アダム・スミスは人間のあり方を厳格に追求した人です。『道徳感情論』なる本を書いているくらいですから、人間の営みとしての経済活動が本来どうあるべきかという観点から思索を重ねて、重商主義はおかしい、人間の価値はどれくらいの金銀財宝と交換できるかで決められるものではないと明言しました。大陸欧州に対して、イギリスにおける啓蒙思想の流れを汲んで人権意識の確立に貢献した人です。そういう人が経済学の生みの親なのですから、経済学とはおのずとそういうものなんです。

カール・マルクスにも哲学的感性がきわめて深くありました。むしろ、そういう観点で経済を考えていたからこそ、資本主義の再生産のメカニズムに内在している人権侵害や搾取の力学を見抜くことができたわけです。それが経済学というものです。哲学を確立せず、掘り下げもせず、数字や

アンチバブル派だった城山三郎氏

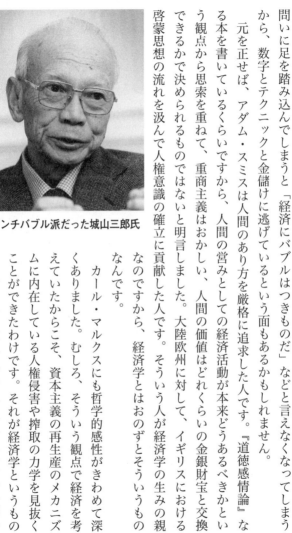

金儲けばかり語るのは経済学ではない。佐高さんのおっしゃる「アンチバブル派vs.バブル派」は、「経済学vs.非経済学」「人間vs.非人間」と言ってもいいのではないでしょうか。
佐高　城山さんも内橋さんも私も、そして浜さんもそうかもしれないが、株とはまったく縁遠い。
浜　私も株は見たこともありません。

バブル崩壊のメカニズム

佐高　それに対して、長谷川は株屋のお抱えみたいな存在で、堺屋、竹中も同類です。経済学の専門家というよりも、証券センターのプロみたいな人が経済学者を僭称《せんしょう》している。
浜　経済学を人質にとっているようなものですね。彼らがやっていることは経済学と言うよりも、稼ぎ学、儲け学です。だから彼らは、経済は儲けなければ意味がないという言い方をする。でも『国富論』のなかに「経済は儲けることなり」などとは一言も書いていません。
佐高　彼らがやっていることは実業による儲けでもなく、人の褌《ふんどし》で儲ける虚業の推奨でしょう。
浜　だから金融派生商品などでぼろ儲けをして浮かれる。そういうやり方がグローバルなスケールでバブルを煽るということが、リーマンショック前によくわかりました。金融派生商品とはよく言ったもので、まさに「派生的」なんです。本当の金融ではない。本当の経済学ではない。派生しているところで稼ごうというものです。言ってみれば、金融工学というのは経済に派生する薄汚い寄生虫みたいなものに成り下がってしまった。

佐高 ならば長谷川から竹中に至る流れは、寄生虫の一味であると。

浜 金儲けで目がギラギラして邪《よこしま》な思いに焚きつけられている、毒性の強い虫たちでしょう。

佐高 この本の意図として、アホノミクスの狙いと実害を明らかにしたい。実害があることを強調しておきたいという思いがあります。

武井正直・元北洋銀行頭取

バブルの当時、北海道の北洋銀行の頭取に武井正直という人がいました。私も城山さんも懇意にさせていただいた人物です。彼は当時、バブルに乗っかった融資を断固としてやらせなかった。あの頃は何でも融資すれば馬鹿儲けできる時代でしたから、北洋銀行内でも彼の方針に対する不満が噴出したことと思います。住友銀行の磯田一郎頭取（当時）がバンカー・オブ・ザ・イヤーを受賞して讃えられていた時代ですから、武井さんは臆病な経営者と言われていたに違いない。しかし武井さんは、バブルのような馬鹿騒ぎがいつまでも続くはずがないと見据えていたんです。だからこそ、大正時代に無尽会社として出発した小さな北洋銀行が、バブル崩壊後の一九九七年には、それまで道内トップであった北海道拓殖銀行の営業譲渡先に選ばれるという奇跡的なことが起きたわけです。

時代を読む、社会を読む。そういう基本的な哲学が銀行を生き残らせた。また彼は投資信託を絶対にやらせなかった。投資信託によって銀行が息をついた時代がありましたが、北洋銀行は銀行の基本に忠実なことをやって生き残った。

浜　バブル化するということは真っ当さから遠ざかるということであり、どれくらいバブル化しているかが、どれくらいまともさから遠ざかっているかの尺度になると思います。そして、バブルだって人間がやっていることですから、最終的にはこんなことがいつまでも続くわけがないという思いが人々のなかから生じる。最初から危ないと思った人だけでなく、一度は乗っかった人たちがそろそろ危ないと思い始めると、沈む船から一挙に鼠が逃げ出すような事態となってバブルは弾け、また均衡点に戻るんです。

経済学は均衡の学問だという話をしましたが、それはやはり経済は人間がやることだからだと言うしかない。人間のなかにはバランス感覚があって、真っ当なものと真っ当でないものを仕分けする感性と能力がある。こんなことでいいのかと我が身と社会を振り返る良心や知性を持っている。だから経済活動が均衡点からとんでもなく遠いところに行ってしまうと、それを元に戻そうとする動きが出てくる。そういった良心や知性を欠き、真っ当さと真っ当でないものを識別できない人たちが歪みを大きくしていく。寄生虫一派はそういう人たちだということでしょう。というか、彼らは実は人間ではないかもしれない。

グリーンスパン元議長の罪

佐高　『住友銀行秘史』（講談社）という濃密な本が出版されました。住友銀行の取締役まで務めた國重惇史《くにしげあつし》が、住友銀行の裏の歴史を内部告発的に書いたものです。バブルは必然的にダーティ化する。

一九八六年、住友銀行は、「闇の世界の貯金箱」と言われた平和相互銀行を抱え込みました。そこには、関西地方区の銀行だった住友銀行が平和相互を抱き込むことで、首都圏店舗を一気に増やすメリットがあった。しかし相手は「闇の世界の貯金箱」ですから、その人脈は裏の世界の凄まじいところにまでつながっていた。住友としては、裏の世界との関係をある程度清算しなくてはいけない。そこで小松康が頭取だった時代に少しずつそれを切り始めたのですが、すると住友銀行東京本店に糞尿が撒き散らされる事件が起きた。「俺たちとの関係を簡単に切れると思うなよ」という裏社会からの脅しです。これに住友のドンである磯田一郎は震え上がってしまい、小松の首を切り、闇の世界に屈服する道を選んだ。そこから住友はバブルの道を突き進んだわけです。これはバブルの湧いたところにダーティなものが入り込んでくるという構図の好例でしょう。

浜　寄生虫にさらに寄生虫がくっついてくるような現象ですね。類は友を呼ぶと昔から言いますが、そうやってダーティさが濃くなっていく。邪なことと邪でないことの区別がついていない銀行に、本当に邪な意図を持つ人間がここぞとばかりに押し寄せるのは当然のことだと思います。

人間に欲がある限り、経済活動のなかでバブルは生じやすいものではあるけれども、しかしバブルがバブルと検知される前に、それをどれだけ食い止めることができるか。そこが大きく問われる。

今のお話との関連で一つ。バブルは防げるか防げないかという論争が世界的に起きた時期があって、今もそれは続いています。FRB元議長であるアラン・グリーンスパンはマエストロの異名をもち、金融の神様みたいに崇め奉られている人ですけれども、彼はバブルは防げないと言った。バブルは防ごうとしてもしかたがない、ただ後始末をすればいいのだと言ったんです。しかしそれは根本的な間違いです。グリーンスパンはおちゃらけの人で、バブルは防げないと胡座《あぐら》をかいたせいで、リーマンショックが起こってしまった。後になって、実は違うことを考えていたなんて言い訳をしましたけれどもね。

　バブルは防げないという発想を持つグリーンスパンのような人がいる一方、バブルは起こりやすい現象ではあるが、最小限のダメージに食い止めるべく初期に対峙しておかなければならないと考える人がいて、ここは大きく分かれます。やはりバブルは未然に防ぐべしというのが、まっとうな経済学の発想だと私は考えます。

佐高　大学のとき、法哲学のゼミの先生が比喩的な話をしたんです。急流の川を渡ろうとする。目的地は川をまっすぐ突っ切って渡る先にあるが、渡れば流される。しかしここでまっすぐ目指さなければ、目的地までの距離は遠くなるばかりである。つまり、バブルをできるだけ食い止めるという狙いと意志を定めなければいけないという話だったんですね。

バブルの内幕を実名で描いた『住友銀行秘史』

浜　目指すのはやはり経済の原点なんです。ときには流されてしまっても、目的地を目指していればそれほど遠ざからないで済むし、最終的に到達できるかもしれない。少なくとも、全面的には外れないで済むということですね。

経済学を目指した原点

佐高　浜さんは大学では経済学専攻だったと思いますが、どうして経済学を目指したんですか。

浜　とても具体的なきっかけがあります。経済の勉強をしようと決断したのは私が中学二年生のとき、一九六七年のことです。当時はまだ一ドル＝三六〇円の時代ですが、イギリス・ポンドの大幅な切り下げが行われた年です。私は一九六〇年から一九六四年までイギリスに住んでいて、帰国してから日本の生活になじむのに苦労しましたが、それがようやく落ち着いた頃でした。

社会科の授業で先生が、イギリスが自国通貨のポンドの切り下げを行ったことを、最新のニュースとして話してくれたんです。中学生も時事問題に目を向けておかなくてはいけないということで、ポンド切り下げはどういう意味があるのか、なぜイギリスがそれを行ったのか、詳しく説明してくれました。その説明に私はものすごく納得がいきました。あたかも名探偵が「犯人はあの人です」と指をさす、推理小説の最終的な謎解きの場面のようでした。

いわば「風が吹けば、桶屋が儲かる」における、原因（風）と結果（桶屋が儲かる）の間がきれいに埋まっていくのを見る感じがしました。こんな面白い謎解きが転がっているのが経済の世界なら、その全貌を私は知りたいと思ったんです。

高校の進路指導でも、迷わず「経済をいちばん勉強できる大学に行きたい」と選択しました。最初はイギリスのことだから一段と強い関心をもって聞いたという面もありましたけど、どんどん経済という営み自体にのめり込みましたね。

佐高　浜さんはイギリス時代に実際にポンドを使っていたわけですものね。中学時代の社会科の先生はポンド切り下げをどんなふうに解いたのですか？

浜　一ポンド＝一〇〇八円の時代でした。それが切り下げによって八〇〇円台になった。自国通貨を安くすれば輸出が伸びて、輸出が伸びると経済が活性化する。自国通貨の価値が低いということは輸入品の値段が上がるから、輸入品に負けていた国内産業が元気になる。この論理でイギリス経済は元気になれるという話でした。そのとおりにうまくいくかどうかはともかくとして、そういう論理があるんだということを知って感心しました。

佐高　大学時代は、どんな経済学の先生に出会えたんですか？　非経済学でない、真っ当な経済学の先生でしたか。

浜　前にも少し話題に出しましたが、私のゼミの先生は山澤逸平さんといって、たどっていくと、貿易理論の大家である赤松要さんの孫弟子にあたる方でした。日比谷高校から一橋大学へ進んだ秀才で、ものすごく真面目でピュアな先生でしたね。ピュアすぎる面もありましたが。

竹中平蔵はゼミの二年先輩

佐高　どういう意味ですか。

浜　近代経済学の世界は下手をすると、感性や感情、哲学というものを排除する方向に傾く世界です。前にもお話ししたように、経済学は科学なのだから、科学に情念は要らないという立場ですね。これに忠実に経済学をやっていると、実際にうごめいている人や人の営みが見えなくなる。山澤さんは真っ当な人だったからそこに陥ることはありませんでしたが、実は山澤逸平ゼミの私の二年先輩に竹中平蔵がいたという驚くべき事実がある。

佐高　それは「山澤ゼミ秘史」ですね。同じゼミから両極端の人物が輩出されたということか。うーん、それは何とも。竹中は直接のお知り合いですか。

浜　面識はあります。テレビの討論で出会ったり、新幹線のなかで会ったりとか。ただ、一橋大学のキャンパスで彼を見たことは一度もありません。私は真面目な学生でしたから、すべての授業にしっかり出ていました。いくら二年離れているとはいえ、同じゼミなら一度くらい顔を合わせそうなものなのに。竹中がいかに、まともな経済学をまともに勉強していなかったかがわかるというものですよね。

佐高　マルクス経済学の先生もいたんでしょうか。

浜　私は一応、マルクス経済学の講義も受けました。しかし一橋大学ではマルクス経済学は肩身が狭かったのか、なんだか物足りない講義でした。もっと情熱と気合を込めて教えてもらいたかった。そのときに岩波版の『資本論』（向坂逸郎訳）を読みましたが、わかりにくかった。イギリス滞在中に読んだ英語の『資本論』のほうが、グッと来る手応えと面白さ、それに深さを感じましたね。

　もともと一橋大学はリベラルなカラーが強くありましたが、当時の助教授クラスの若手の間には、そのカラーのままでいいのかと疑問に思い、また東大のようにはなりたくないという意識もあって、アイデンティティに迷いをおぼえてしまう精神構造があったように思います。今にして思えば、もっと戦闘的な人がいてもよかった。

佐高　かつては上原専禄《せんろく》［一八九九―一九七五。歴史学者。ドイツ中世史を修め、戦後は平和運動や教育運動に関わる。晩年は日蓮研究に没頭した］が学長だった時代もありましたね。

浜　ええ。私の在学中は、学長が上原専禄門下の増田四郎［一九〇八―一九九七。西洋経済史学者。ドイツ中世都市研究から出発し、西欧各地の共同体の比較研究を行った］から、都留重人《つるしげと》に変わりました。都留さんは、『公害研究』を創刊した頃は一世を風靡《ふうび》している感じもあったんですが、最終的には、経済学はニュートラルでなければならないという空気に引っ張られて、いまいち明確なポジション取りができなかったように思えます。マルクス経済学者だと思われては困るという考えもあったかもしれません。七〇年代後半以降、今に至るまで、人々をして歯切れ悪くする時代環境があったのではないでしょうか。

佐高　それは大事な指摘ですね。中立に見られたいという幻想が取りついて、自らの学問的アイデンティティを失ってしまう。それは学問を権力に売り渡すことにまでつながってしまう。

経済学者たちの自主規制

浜　中立であることが科学的・学者的であると思ってしまう傾向ですね。その傾向が強いことが、アホノミクスが出てくることを許してしまった知的背景かもしれない。これは、アホノミクスを批判する有力な論陣が経済学のなかからあまり出てこないこととも通底していると思います。

佐高　白無垢《しろむく》がいちばん汚れやすい。「自分は中立です」とか「私は左派ではない」とか言う人が多いけれども、そんなものは人が評価することであって、自分で自己判定する必要はない。

浜　レッテル貼りなど、したい人にさせておけばいいんです。ダンテが言うところの「汝の為すべきことを為せ。そして、人をして語らしめよ」です。

佐高　いいですね。中立であろうとするあまり、自分で自分を萎縮させてしまうというバカらしい罠に陥ってはいけない。

浜　まさに自主規制です。そういう人に限って、アホノミクスの三本の矢なんてものを忠実に調べて、細部への拘泥に足を取られて、「総合的にはまだわかりません」などと言ってしまう。表面的なところでごまかされて、本質的な部分に迫れない。そういうアホノミクス迷解説者が次々と出てきますが、彼らはアホノミクスに対して「こんないかがわしいものが独り歩きしてはいけない」とは口が裂けても言えない。中立でありたい、ピュアでありたい、科学者でありたい。そのメンタリティが、権力側に審判を下すことを阻むんです。

都留重人・元一橋大学学長

佐高　私はマルクスを舐めたくらいしか読んでいないのですが、いちばん驚いたのは、宇野弘蔵［一八九七—一九七七。経済学者。思想や実践と切り離した、マルクス経済学の客観的研究を独自に進めた］の弟子である馬場宏二［一九三三—二〇一一。マルクス主義経済学者として出発したが、宇野弘蔵理論を修正しながら会社主義を主張するに至った］です。マルクス経済学の系譜にある宇野理論を学んだ馬場が、ためらいなく日本的経営万歳みたいな論を展開する。なぜマルクスからそんな主張が導けるのか、私にはわかりません。内橋克人さんと対談したときもそれが話題になりましたが、結論は出ませんでした。

しかし、後になって気がついたんです。『資本論』は生産力の発展を歴史的必然として描き出していますよね。それを単に生産力が増せばいいのだという解釈をすると、日本的経営にぴったりとはまる。しかしそこでは、労働力の価値の低下や労働者の疎外という問題をまったく外してしまっている。

浜　実に不可思議なことですね。『資本論』はたしかに生産力というものにまずは着眼し、そこに金がどう関わってくるかを考察していますが、生産力が上がればいいというのは資本の論理ですよね。資本が不可避的に永続的に生産力の向上を追求するということをマルクスは語っているのであって、生産力が増えればいいと述べているわけではない。人間が資本家になると生産力の向上をひたすら求め、それに貢献する人力をどのようにつくり出すか、資本主義が社会的再生産の体制として成り立つために、いかに搾取の構造が組み込まれるか。それをマルクスは客観的・批判的に分析している。生産力さえ増えればいいという論理がそこから出てきてしまうというのは、皆目わかりません。

佐高　彼らの頭のなかで理論の全体ではなく一部だけが空回りしているんだと思う。日本的経営が、いかに労働者をないがしろにしてきたか、その会社中心主義の実態も知らないでしょう。竹中も『資本論』くらいは一応読んでいるのでしょうかね。

浜　どうですかね。それは疑問です。

「トリクルダウン」の本当の意味

佐高　アベノミクスにつきもののトリクルダウン理論だって、生産力が増せばいいという幻想の上に成り立っていますよね。

『資本論』の原書とマルクス

浜　たしかにそうなんです。ただ、「トリクルダウン」という発想自体、そんなことを考えるのは金持ちたちの横暴、傲慢であるというところから出てきた言葉です。上のほうに点滴を垂らせば下まで行き渡るだろう、それがトリクルダウンだという言い方自体がおかしいんです。この言葉は、「貧乏人はおこぼれが垂れてくるのを待っていろ」という発想自体を、差別的でとんでもないと批判するために生まれた。それを知っている人ならば、「トリクルダウンを狙おう」とか「トリクルダウンがあるから、大企業から手当てしましょう」などという言い方はしないはずです。こういうところにも本質的な勉強不足が露呈しています。

佐高 久野収が言ったことで、「理性の手段化」ということがあります。トリクルダウンで言えば、彼らがトリクルダウンと称してやろうとしていることの理念を問うことには理性が用いられず、トリクルダウンによってもたらされる作用や効果を述べることにのみ理性が使われていく。宇野理論を学んだ馬場宏二が日本的経営万歳を唱えるのも同様です。いかにも理性的に分析しているように見えて、その実は本来の理念や理性が矮小化《わいしょうか》し、手段化してしまうという病理です。戦時中にもマルクス主義者が「生産力理論」をもってファシズム礼讃に転向した例がありますが、その今日的な繰り返しという感もある。

浜 今のお話でよくわかった気がします。宇野理論を奉じているはずの馬場宏二が日本的経営を礼讃するのにマルクスを持ち出すというのは、ある意味では御都合主義的です。日本的経営がすばらしいということを立証できるマルクス経済学には今日的な意味がある、そういう論理にすり替えてしまう。これがまさに理性の手段化ですし、原発を正当づける論理とよく似ていますね。「原発が嫌だという感情論でなく、中立的な立場で科学的に考えないといけない。経済合理性を追求すれば、日本は原発再稼働なしにやっていけない」などという言い方がよくなされます。

しかし今一度念押ししておかなければなりませんが、経済合理性ということの本源的な意味は、基本的人権を侵害しないということです。これをアダム・スミスが言っている。マルクスの信条も同じだと考えていいでしょう。基本的人権のいちばんの基礎は生存権です。原発がいかに生存権を脅かすかということは、スリーマイル島で、チェルノブイリで、三・一一で、繰り返し証明されていることであるはずです。そこに経済合理性があるという言い方自体、経済合理性という言葉の誤用ですし、言葉の本来の意味をまったく理解できていない。そもそも経済というものが理解できていないということです。

野党の役割は徹底した批判でいい

佐高　経済がもし彼らの言うようなものであれば、計算機で済んでしまう。でも経済とはまさに人間のためのものである。三・一一の後でなお、原発は発電コストがいちばん安いなどと本気で訴える人がいますが、そんな主張に誰も耳を貸さないだろうと思う。小泉純一郎でさえ宗旨替えして、反原発を打ち出したというのに。

浜　小泉さんは器用に移り変わりました。それにしても、八甲田山じゃないんですから、ここで発想を変えないと本当にやばい。そう思えないことこそ、非科学的だし、非中立的だとも言える。しかし中立性にこだわる人に限って、思い込みの視野狭窄によって突っ走り、多くの犠牲を生み出す方向に行ってしまう。

佐高　しかも彼らが次に言うことには「対案を出せ」です。批判する側に対案を要求して、批判に耳を貸さないという態度をとる。

浜　以前にもちょっと話しましたが、「対案を出せ」は議会制民主主義上のルール違反です。与党と野党が対等な位置づけで対案合戦をするのが議会ではない。提案をしなければいけないのは与党であって、野党はそれを精査・審査・評価する側です。明らかに野党は批判的審査員なんです。そんな基礎的なことがどうしてわからないのか。

イギリスを発祥とする「シャドー・キャビネット（影の内閣）」という言葉があります。政府が出した政策を吟味して批判する。状況によっては、提案の問題性をあぶり出すために対案を示してもいいけれども、その本意は批判であり徹底吟味です。そのために一対一の対応として影の大臣を置く。微に入り細を穿《うが》って政府のやることを調べ上げ、揚げ足を取り、悪口を言い、問題点を掘り起こす。それをやる担当者が必要です。それが「影の内閣」の意味です。

ところが民進党はかつては「影の内閣」と言っていたのを、ある時点から「次の内閣」と言い換えました。「影」と「次」ではまったく姿勢が違ってくる。「次」なんて言ってしまう人たちだから、相手がつくった「対案を出せ」という土俵に必死で乗ろうとしてしまうのだと思います。

佐高　民進党は批判しているばかりだと指摘されると、彼ら自身が怯《ひる》んでしまう。

浜　「野党は反対するためにいるのだ。それが我々の仕事だ」と堂々としていればいい。怯む場面ではない。岡田克也がまさにそうですね。対案を一生懸命出しているにもかかわらず、批判ばかりだと言われると怯んでしまう。

佐高　あげくのはてに「批判するのは簡単だ」とまで言われてしまった。

浜　蓮舫が何でも最後に「提案します」と言えばいいという姿勢になってしまっているのが、もはや笑止です。

要人は足を引っ張られて当然

佐高　シャドウとネクスト、このイギリスと日本の野党観の違いが面白い。「影の内閣」に比して、「次の内閣」はなんと覚悟が決まっていないことか。浜さんから見て、イギリスの政治には歴史的な奥深さを感じますか。

浜　イギリスの野党は歴史の重みを一応は背負っているので、奥行きというのも保たれてい

トニー・ブレア元英首相

るとは思います。今や、かろうじて、という感じではありますが。やはり与党なら与党の役割をまっとうし、与党から野党になったら野党らしく振る舞う。それはイギリスの政治家たちに刷り込まれている心理と作法です。

ただ、トニー・ブレアみたいな人物が例外的に出てくる。彼がイギリスを狂わせたと思いますよ。ブレアの出現によって、イギリスの経済、社会、文化が軽薄になりました。クール・ブリタニアなんて言っちゃって、今の日本はそれを真似してクール・ジャパンなどと称している。トニー・ブレアとダイアナが同じ時期に出てきたのは偶然ではないと感じさせるものがある。イギリスらしくない舞い上がる気風があの段階で出てきて、それがバブル時代をつくってしまったところが多分にある。とはいえ、軽薄なトニー・ブレアでさえ、議会でどう振る舞うかについては、一定の暗黙知を押さえていた。しかし、それも現在のイギリスでは危うくなっていると思います。

佐高　ピーター・タスカ［一九五五―。イギリスの経済評論家。独特の批評性と国際的視点に基づく経済分析で知られる］が皮肉っぽく書いていました。日本のマスコミは、ダイアナのスカートがめくれたと囃《はや》し立てるように他国の王室のことはネタにするが、自国の皇室についてはまるっきりタブーである、と。それを読んでなるほどと思いました。パパラッチのやり方は行き過ぎだとは思いますが、日本では皇室についてパパラッチ的な報道が決して出てこない。

イギリスにはそういうタブーはありますか。

浜 ないですね。むしろ、タブーがあってはいけないという文化が強いのではないでしょうか。ある話題をタブー化しようとすると、絶対にタブー化は許さないぞという動きが必ず出てきます。それはパパラッチ的なものも含めてです。誰の揚げ足だって取っていい。いわゆる要人であればあるほど、それに耐えるのが存在の大前提だというのがイギリス人の基本認識ですね。

ですから、国会で「僕ちゃん」と突っ込まれただけでヒステリーを起こすようでは、そもそも首相のポジションにいる人物としての資格がないと見なされます。政治家があんなキレ方をすること自体、イギリス国中が驚くと思いますよ。

佐高 「僕ちゃん」が「僕ちゃん」と言われてキレるというのは、あまりに幼稚ですね。

浜 おっしゃるとおりです。

マルクスは革命家ではない

佐高　イギリスの知的風土についてうかがいたいのですが、ある意味で、マルクスとその著作もイギリスが生んだという面がありますよね。

浜　そうですね。マルクスは大英博物館図書館が生み出した人間だというようなところがありますね。

佐高　マルクスは大英博物館に通いつめて『資本論』を書くわけですからね。それと、フェビアン協会（一九世紀後半に創設された社会主義知識人による団体）をはじめ、イギリスの労働運動や社会運動の蓄積の上に、マルクスという存在があったわけですよね。しかし今日、マルクスといえば革命家というイメージばかりで語られてしまう。

浜　マルクスの革命家的な肖像、あるいは破壊活動分子というイメージをつくりあげたのはフリードリヒ・エンゲルスとも言えるでしょうが、実はマルクスは革命家ではない。本当の革命家はやはりレーニンでしょう。本質的にマルクスは研究者だと思います。『資本論』は資本の運行メカニズムを解明するために書いたわけで、革命運動のプロパガンダのために書いたのではないし、革命マニュアルでもない。いみじくもマルクスが自分はマルクス主義者ではないと言ったのは、そういう思いもあったのでしょう。そこが忘れられています。というか、そもそも知らない人が多いのかもしれません。

佐高　その背景が踏まえられている欧州では、日本やアメリカのようにはマルクス主義を過剰に恐れることはないですよね。

浜　それはないですね。

佐高　アメリカで公助法的な条件を要求すると、即座に「あいつはアカだ」というようなレッテルが貼られるのは、そういう知的風土も影響しているのではないか。

浜　そう思います。前にも言ったように、オバマが国民皆保険制度を導入しようとしたら、アカだと言われた上に、ヒトラーのチョビひげをつけて描かれましたからね。根深い知的混迷がアメリカに今なお存在するのだなと考え込んでしまいました。

　日本でも同様ですね。「このありさまでは、共産党しか頼れるものはない」と冗談のように言う傾向がありますが、今の政治状況では文字どおり共産党に頼るしかないわけです。それを自嘲や冗談のようにしか言えないのが情けない。そういった知性の貧困がこの社会にもまかり通っている。

佐高　歴史的に見れば、日本にだって公助法の積み重ねはある。アメリカで共産主義が恐れられているからといって、伝染したかのように日本でも恐れることはないと思うのです。私には、日本がアメリカ経由で共産主義を恐れているように見えます。

浜　特に政治の世界がそうかもしれませんね。日本の政治とアメリカとの関係は、屈折した愛憎関係がある。アメリカの尻に敷かれたくないと言いながら、アメリカが言っていることは理解しなければいけないと言う。これは妙です。安倍体制の矛盾もそこにある。大日本帝国を目指しているがために、戦後レジームからの脱却を謳う。だとすれば、まさに戦後レジーム体制そのものである日米安保の関係からも脱却したいと考えているわけです。ところが一方では、アメリカといちばんのお友達でありたいという願いも持っている。それは方便かもしれませんが、いずれにしてもすごく屈折したアイデンティティです。

日本とイギリスの地勢的類似

佐高　対米自立を志向するのであれば、アメリカが最も危険な敵になりうる可能性も高いわけですが、そこはまったく棚上げしている。

浜　とりあえずアメリカから「我が友よ」と言われると天にも昇る心地にもなり、反面で悔しいとも思う。手に負えない精神状態ですよ。それを体現しているのが安倍政権でしょう。

佐高　日本の歴史を振り返ると、一九〇四年に日露戦争に突入する。当時はロシアが仮想敵国だったと言われています。そこから日本は軍国主義、帝国主義へひた走っていったわけですが、私が気になるのは、一九〇二年に日英同盟が結ばれていたことです。しかし第一次大戦の三年後に、ワシントン会議でアメリカ、フランス、イギリス、日本の四ヵ国条約が結ばれるなかでそれは失効し、戦争の高揚のなかで、その日本とイギリスとの結びつきは消えてしまった。気づけば、第二次大戦中はドイツ、戦後はアメリカとばかり手を組んでしまうことになる。日英同盟がどういういきさつで結ばれ、それがなぜ消えたか。今、きちんと検証すべきじゃないかと思うんです。

浜　日本とイギリスは、地球儀上の位置づけがよく似ています。巨大な大陸の端っこにくっついている島国で、大陸との関係が常に微妙です。今、イギリスは脱ＥＵすることで、大陸的な生き方にはついていけないという立場を鮮明にしたわけですが、日本と大陸アジアとの関係も真に友好的に形成されたことがありません。イギリスはヨーロッパの一部か、日本はアジアの一部か、この問いかけは両方成り立ち得ると思うんです。今でもその傾向がありますが、夏休みには「ヨーロッパに遊びに行く」という言い方をするのが、昔のイギリス的な感覚でした。つまり自分たちをヨーロッパの人間と思っていない。日本人もアジアという と、エキゾチックな印象を持ちますよね。自分たちにとっては異邦的なるものとしてとらえている。

そういう意味では、日本とイギリスは位置づけが似ていて、お互いを意識し合いながら同志的な感覚をもって物事を進められる共通体質があるはずだと思います。その上に実用的・

実益的な計算があって日英同盟に至ったのだと思いますが、やはり引き寄せられるものがあったのではないか。それは同じ悩みを抱えているということでもあるし、したがってよく似たバランス感覚を共有しているということでもあったかもしれない。

佐高　アメリカに学問的出発点を持つ人と、ヨーロッパ、特にイギリスに持つ人の違いに興味があるんです。イギリスの社会学者、ロナルド・ドーア［一九二五—。日本の資本主義と社会構造を研究］はとても面白い人ですが、彼が私の汚い事務所をわざわざ訪ねてきたことがある。岩波書店の編集者が案内役を申し出たら、「住所だけ教えてくれればいい。自分で行くから」と断ったそうです。天下の碩学《せきがく》が一人でやって来ましたよ。

浜　いかにもドーアらしいエピソードですね。

頭ではなく、本能的に考える

佐高　もう一つ、ドーアが素晴らしいと思った話があります。鎌田慧《かまたさとし》さん［一九三八—。ルポライター。原発、労働、公害、教育、軍事などが孕む問題を、常に弱者の側から告発する］の『自動車絶望工場』（講談社文庫）が英訳されたときのことです。『晴れた日にはＧＭが見える——世界最大企業の内幕』（Ｊ・パトリック・ライト著、風間禎三郎訳、新潮文庫）なんかを読むと、アメリカのＧＭ社にもトヨタと似た状況があるのだと感じますが、鎌田さんの本は、今で言う非正規労働の現場をルポルタージュした、世界でも先駆的な名著と言えると思います。あの本の原題は「トヨタ絶望工場」だったのですが、出版直前に横槍が入り、土壇場でトヨタの名前を削った。

　その英語版が出版されるにあたって、ドーアは序文を依頼された。するとドーアはトヨタのヨーロッパ支社に電話して、『自動車絶望工場』に書かれてある悲惨な状況が今どうなっているのかと問い質した。そうしたらヨーロッパ支社の上層部が飛んできて、そんなどこの馬の骨かわからない人が書いた本に、ドーアさんのような碩学が本当に序文を書くのかと言ったらしい。ドーアの面白いところは、そのいきさつをすべて序文に盛り込んだ。英訳版は序文だけですごい厚みになったんです。ドーアにしても、欧州の知識人は、巨大な相手にひるまない面がありますね。その気風はどこから来るのでしょうか。

浜　先ほどお話しした、偉い人ほど足を引っ張られて当たり前だという感覚でしょうね。イギリスに比べると、大陸欧州、特にフランスやドイツはもう少し権威主義的です。歴史的に宮廷文化の社会ですから、フランスの官僚なんて大変に威張っています。

　イギリスにそういった権威主義がないのは、本質的に海賊魂があるからだと思います。序列や権威、計画というものが全然役に立たない世界に乗り出していくことにエキサイトする感性があるんですね。だから、序列や権威を壊すことに喜びを感じる。冒険野郎的な発想と、本能的に権威主義的なものを崩したくなる性質ですね。やはりロビン・フッドを愛する国なんです。「あなたたち、今でこそ紳士然としてるけど、ルーツは海賊でしょ」と言われて、怒るイギリス人はまずいません。「えへへ、バレたか」という風情《ふぜい》で笑っていますよ。

佐高　トマス・ペイン［一七三七—一八〇九。イギリス出身の哲学者。アメリカに渡り、アメリカ独立論を説いた］の『コモンセンス』もそういうところにルーツがあるのかと考えると面白いものですね。「ノブレス・オブリージュ」もそういった精神構造に根ざしているんですね。

浜　ルーツをたどるとそうだと思います。また、イギリス人がどこか素人臭い新鮮さを好むのも、権威主義で固まっていないからですね。

佐高　イギリスは静かで落ち着いたイメージがありますが、実は精神においては流動を好むということですか。

浜　コモンセンスが生み出す均衡点はどこだろうということを、本能的に考えるということですね。そういう意味では精神は絶えず動いている。だから、同調圧力が働いて皆が突然同じことを言い出すということがあまりない。「敵わぬまでも一矢を報い」という構えが好きですしね。

『資本論』が描くブラック企業の姿

佐高　ビートルズもローリング・ストーンズもイギリスから出たわけですよね。

浜　彼らの表現もある意味では、権威を覆す行為だったと思います。

佐高　浜さんがイギリスにいた頃の首相は誰でしたか。

浜　行った当初は保守党のハロルド・マクミランでしたが、しばらくしてアレック・ダグラス＝ヒュームになりました。そのヒュームと労働党のハロルド・ウィルソンが戦って、ハロルド・ウィルソンが勝ったのが一九六四年です。九〇年代に渡ったときは、サッチャーからメージャーへ、そしてブレアへという時代でした。

佐高　何度も話題に上ったケインズもイギリスですね。

浜　ひょっとしてケインズはイギリス人でなければ、当時の竹中平蔵になっていたかもしれない。山師で、野心家で、竹中平蔵的な資質も持っているんです。しかしイギリス的コモンセンスの抑えがきいて、地に足をつけることが保てた人だと思います。

佐高　なるほど。マルクスに話を戻しますが、公助法や社会運動を経た経済学者として、逆に今こそマルクスが有効だと思うんです。宇野理論的なものの復権としてではなく、革命家としてでもなく、マルクスが『資本論』を書いた地点に立ち戻って、さらに初期マルクスの「人間疎外」という問題提起にまで帰って、現在の人間や社会をとらえる。その意味でマルクスは依然として重要ではないでしょうか。

浜　そのとおりだと思います。『資本論』において、再生産メカニズムの実証をふくめた議論なんて、まるで今のブラック企業の実態を語っているかのようです。また、金融が危うくなっていくプロセスについても、金融が相対関係を失い、資本が人格化するとどうなるかが精緻に検証されていて、極めて今日的です。根源的に人間の営みとしてある経済がバランスを崩すとどうなるか、そのことが非常にヴィヴィッドに考察された書だと思います。

佐高　窮乏化し、人間性を剝奪された人々が、それを認識して立ち上がる。それは歴史の必然である。そうマルクスは説きますね。そのあたりがマルクスを革命家として認識させ、そこから世界史的な想像外の展開を招いてきたという印象もある。

浜　そうですね。しかし、反抗のエネルギーは、どこかで全体主義につながってしまった。人権を奪われた人々による革命、労働者の権利のための闘争であったはずなのに、その怒りの情動が、独裁的権力を握ろうとする力学に吸収され、新たな権力の構築へと一体化してしまった。そういう展開になってしまうという怖さと、革命につきまとう危険性が、そこに見られます。ある意味で、それはトランプやヒトラーを生み出す力学と同じですよね。

官僚こそ無責任の最たるもの

佐高　人間疎外の問題を含めて、あくまでも人間の根源の権利という初期マルクスの発想に帰るのが大事になってくる。

もう一つ、計画経済についてです。社会主義国において、これを計画する側に官僚という存在が生まれてくる。今の日本でも、話題になっている豊洲市場の話のように、誰がどこで決めたのかわからない空気のなかで計画が進んでいく。官僚という摩訶不思議な種族が暗躍しているわけですよね。

浜　計画という言葉、あるいは発想がそこに入ってきたところで、計画する側と、計画の枠組みに従わされる者、この識別が生まれてしまう。ジョージ・オーウェルの『動物農場』はそのあたりを見抜き、まさに官僚というものの不気味さを描き切っている。

しかし現実には、官僚というのはニュートラルな存在だと言われる。「政策は政治、行政は官僚」という言い方で責任からは完璧に逃れつつ、計画主体として主導権を握っている。社会主義が権力化したときに、そういうものが生まれ出てきてしまう。

佐高　これはマルクスも予見できなかった、まさに無責任の最たるものですね。

浜　佐高さんが豊洲の例を出されたように、資本主義国でも同様です。トランプが大統領になるというので、メキシコとの間に立てる壁をいかに効率的につくることができるかを、アメリカの官僚たちが「中立的に」計算し始めているかもしれない。

佐高　やはり官僚こそが部分的理性の体現者なんですね。

浜　殿が言ったならば、言ったことの善し悪しにはまったく無判断な状況で、それを実現するためのプランをひたすらつくる。そういうものが存在するというのが危険なことです。ただアメリカの場合は、大統領が替われば役人の下のほうまで総取り替えしますから、まだ責任意識があるかもしれません。日本の場合、昨日と一八〇度違うことでも平気で命を賭ける官僚という人たちがたくさんいる。その状況をどう考えるかですね。

これは贔屓目《ひいきめ》すぎるかもしれませんが、二〇〇九年に民主党政権が誕生したときには、官僚たちもそこそこの期待感を持った風情が見られました。官僚たちは役割仮面の下で何でも「はい、はい」とやってきたけれども、ようやく真っ当な仕事をやらせてもらえるかもしれないという感覚を持ったのではないか。そんな感じがありました。

佐高　そういった期待感の一方で、危機感もあったでしょうね。

浜　ただ、それまで嫌々従ってきた自民党一党独裁体制とはまったく違うメッセージが、当初民主党政権にはあったので、もう少し今日的な意義あることをやれるかもという感じはあった気がします。ところが民主党政権側から協力しなくていいと言われてしまい挫折して、両者の関係がまずくなってしまった。役割仮面の背後に隠れている人たちを少しでもまともな方向に持っていくことができれば、世の中が違ってくると思うんですけどね。

佐高　官僚がはびこる社会は、言葉に対して責任がなくなる。立場が変わると、言うこと、やることを平気で変えるのが官僚ですから。

第6章　「反格差」「反貧困」思想とキリスト教

「規制緩和」という罠

佐高　二〇〇三年、日本は当時首相だった小泉が真っ先にアメリカのイラク戦争を支持した。イギリスのブレアもすぐにアメリカに追随するように参戦した。その後、ブレアは国内で吊るし上げられました。一方、日本では小泉の責任が追及されることはなかった。そんな気配すらありませんでした。やはり、政治家の過失がなかったことになってしまうのが日本なのでしょうか。

浜　イギリス人は意外としつこいです。嫌なことをよく覚えていて、また嫌がられそうなタイミングでそのことを言挙げすることに、こよなき喜びを感じるところがある。本当は、ジャーナリズムはそうでないといけない。物覚えが良くて、意地が悪い。

そういう態度が日本では形成されてこなかったのはなぜか。これを戦後の政治経済の側面から考えると、日本社会は戦後復興の歩みのなかでかなりの程度、計画経済化されてしまい、集権的に管理されるようになった。戦後復興には計画経済的な政策が必要だったとはいえ、集権的な管理体制があまりにもうまくいったがために、社会全域にその方式が行き渡ってしまった。そうなると、知能は働いても知性は働かなくてよいという状況が浸透し、蔓延し、世代を超えて管理されることに何の違和感も持たない人格が多くつくられてしまったということがあったと思います。復興という大きなテーマがある間だけのはずが、その成功体験のために、その段階を通り越しても行動様式を変えられず、その果てに社会そのものの行き詰まりをもたらした。

バブルもその体質のせいだった面がある。あまりにも効率的にバブルに向けてひた走ってしまいましたよね。このままだとバブルになって収拾がつかなくなると口にした人がほとんどいない。そして、一九八五年のプラザ合意に至り、円高不況は何が何でも阻止せねばならないと、金融緩和に突入していく。その時点でも、せっかくだから円高とうまく付き合う方法を考えてみようと言う人はいなかった。

佐高　バブル当時、内橋克人さんと奥村宏［一九三〇―。経済学者。日本資本主義を「会社本位制」という視点から批判し続ける］さんと私とで、『東洋経済』で規制緩和批判を展開したんです。すると長谷川らバブル派から、内橋のU、佐高のS、奥村のOをとって、「あいつらはUSO放送だ」なんて言われました。その後、内橋さんらが『規制緩和という悪夢』（文春文庫）を書き、日米で起こった規制緩和の波が両国の関係をどう変えたかという分析をしています。

今でも新自由主義者たちは規制緩和を主張しますが、彼らが狙っているのは「規則」緩和ですよね。これまで積み上げてきたルールを壊そうとしている。それも企業にとって有利にルールを変えようとしているんです。派遣社員を安く使い、消費者から購買力を奪い、経済の循環を破壊してしまう。彼らが打ち出す規制緩和のイメージに惑わされず、今ここで歯止めをかけないと生活への実害が延々と深々と続きます。

ゴーン礼讃が一つの転機

浜　彼らの規制緩和を言い換えれば、野蛮化ということです。それは彼らが「今の若者はハングリー精神がない」などと青年たちを叩くのとパラレルです。人間は野蛮な状態からだんだん賢くなって、人権を損なうような搾取が起きてはならないという認識が高まり、その知性の成熟のプロセスのなかで制度やルールができてきた。それを今取っ払おうと言うのは、いわば原始人に戻ろうと言うのと同じです。

彼らが構造改革と言う場合は、だいたい規制緩和と同義ですが、規制緩和と構造改革という言い方には注意が必要です。規制緩和と構造改革という二つの言葉が出てくるときは、人権侵害していい状況をつくろうと言っているに等しい。

佐高　カルロス・ゴーンが礼讃されたときが、一つの転換点だったという気がします。ゴーンがやったのは大量の首切りです。日本の経営者にとって首切りは、まがりなりにも最後の手段であり、ときには社員ではなく自分の首を切ることも辞さないというのが最低限のモラルのようなものでした。ところがゴーンが出てきて、首切りはリストラという名前に変わ

奥田碩・元トヨタ自動車社長

カルロス・ゴーン日産自動車CEO

り、高い評価を得るものに変わった。

経済学者やジャーナリストの罪も大きい。伊丹敬之《ひろゆき》［一九四五―。経営学者。東芝取締役、商船三井監査役などを歴任］が人本主義を唱えて、日本の自動車企業を評価した。そのトヨタお抱えの言説に私は呆れ返りました。また『文藝春秋』に、堺屋太一、後藤謙次［一九四九―。ジャーナリスト。共同通信記者を経てニュースキャスターなどを務める］、御《み》厨《くりや》貴［一九五一―。政治学者。政治史、都市計画、オーラルヒストリーなどの研究からスタートし、現代政治を多角的に分析］の三人で、次世代の首相は誰がいいかを議論する記事が載ったことがある。三人ともがトヨタ相談役（当時）の奥田碩《ひろし》を挙げたんです。驚愕しました。トヨタは内部留保を貯め込みながら、真っ先に派遣切りを行った企業ですよ。堺屋は確信犯的に言っていて、御厨はそれに追従したのでしょうが、しかしジャーナリストの後藤までもが平気でそういうことを言うのか。

浜　想像を絶します。トヨタは日本が世界に誇るグローバル企業であり、奥田氏はそれを切り盛りしているという評価から出てきた発想でしょうが、そもそも政治が何のためにあるのか、政策というものがどういう機能を果たすために存在しているのか、そういう観点とまったく無関係に議論されていると思うしかない。派遣切り、首切りを平気でやる人が、国民に対して国家が提供すべきサービスを真っ当に実現するという発想を持てるとは到底思えない。

佐高　仮にも大部数を誇る『文藝春秋』が麗々《れいれい》しくそういう座談会を掲載し、そして異論も起こらない。愕然とする知的貧困です。

人のために泣けるか

浜　知的貧困が加速度的に進み、そこに悪い奴らがつけ込んでくるという状況が確実にある。知的貧困のどこにどうつけ込めばいいかということに嗅覚を持っている人たちが、「三本の矢」などと言い出す。

内閣府や首相官邸、最近は財務省もそうですが、それらのホームページを見てみると幼稚なマンガ世界になっている。まるで『君の名は。』のCMでも見ているようですよ。けちくさいマーケティング専門家がつくっているようなある種の使い勝手の良さとともに、知的貧困につけ入る稚拙な内容を前面に押し出している。それを見ていると、こちらまで知性の退

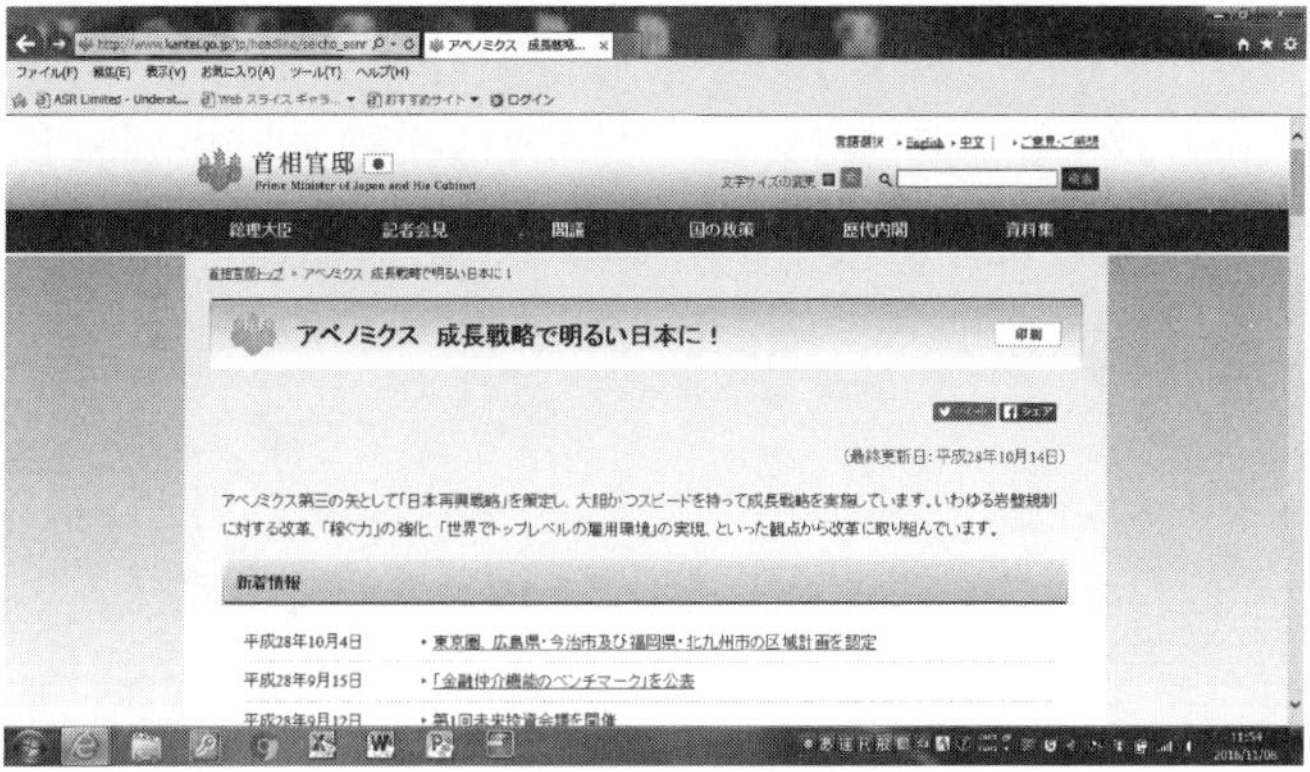

幼稚なスローガンで呼びかける首相官邸ホームページ

化が一瞬で進みそうな気がしてしまう。実際にそういう集団催眠を目指してつくられているんだと思います。

佐高　知的貧困で思い出すのですが、政治家が選挙のときに土下座するでしょう。二〇一六年の参議院選のとき、鈴木宗男が土下座した。片山さつきも土下座していた。人々のなかには、政治家の先生が土下座までしてくれたと喜ぶ人もいます。しかし私は、土下座をする人は、人に土下座をさせて平気な人だと思う。よほど人を馬鹿にした傲慢な人間ほど、易々と人に土下座をさせ、また自分も土下座する。つまり彼らは選挙民を馬鹿にしている。

こういった視点は、精神の奴隷状態をめぐる魯迅《ろじん》の批判的言説を読んできたおかげで得たものかもしれません。私にとって魯迅は、知的形成にとても大きな存在でした。浜さんの批判精神の原点にあるものは何ですか。

浜　私はカトリック信者ですので、キリスト教精神がベースにあります。キリスト教的な精神の世界では、人に土下座をさせるという感性はない。人のために泣けるということが精神の原点です。人の痛みを自分の痛みのごとく受け止めることができるか。人のためにもらい泣きができるか。それが大きな試金石になります。片山さつきも鈴木宗男も、安倍晋三も、人のためには泣けないだろうと思います。

いみじくもアダム・スミスが『道徳感情論』で、人間の始原の感性は人のために泣けることだと言っている。どんな悪い奴でも自分の子どもくらいは大切にするだろうということを書いているんですけど、そういった共感性、シンパシーですね。それが知的本能として、まともなものとまともでないものを見極める原点だと思います。不本意であっても他者を可哀想だと思う心の動きが人間にはありますよね。そこを大事にしたいと思います。アホノミクスを可哀想と思える日が来るかどうかははなはだ疑問ですが（笑）。

そこから派生する態度で、ヴォルテール〔一六九四―一七七八。哲学者。啓蒙主義を代表する人物で、理性と自由を足場に腐敗した教会を批判した〕精神と呼ばれるものがあります。これはヴォルテール自身による言葉ではなく、ヴォルテールの評伝を書いたS・G・タレンタイアが彼を評して言った言葉です。「私はあなたの意見に全面的に反対だ。しかしあなたがそれを主張する権利を守るためなら私は喜んで命を捨てる」。アムネスティ・インターナショナルの本来の運動精神の基盤はこのヴォルテール精神にあるらしいのですが、私の基盤もこれですね。母ともよく「安倍晋三の言論の自由のためであっても、我々は命を落とす覚悟がないといけないね」と言い合うんです。これは、人の痛みを自分の痛みとして受け止められることと、多分に通じると思います。

イエス・キリストの戦闘性

佐高　深い話でした。他者への敬意というのは民主主義の原点とも言えますよね。浜さんが洗礼を受けたのはいつですか。

浜　六歳のときです。

佐高　それは早いですね。

浜　そうですね。いわゆる幼児洗礼ではないですが。私の母は四人姉妹で、母はなかでも洗礼が比較的遅いほうでしたが、皆カトリックでした。そういう環境のなかで、私もそのくらいの年になっておのずと洗礼を受けたいと思うようになったんです。

佐高　美濃部亮吉［一九〇四―一九八四。経済学者、政治家。都知事として「革新都政」を担い、福祉政策、公害対策などを進めた］と縁戚関係だそうですね。

浜　祖母の旧姓が美濃部でして、祖母と亮吉はいとこどうしです。祖母の父である俊吉と、亮吉の父の達吉が兄弟という関係です。

佐高　辛淑玉《シンスゴ》［一九五九―。在日コリアン三世の実業家。様々な反差別運動やマイノリティの権利回復運動に携わる］が言うんです。在日の人たちにとって美濃部さんは評価が高い、と。これはかつての日本人の都民からの美濃部人気とはまた異なる文脈です。彼は朝鮮大学校を各種学校として認可したし、在日の組織とも親密につき合おうとした。反して、今とても評価の高い小池百合子には、在日の人からははなはだ疑問の声が上がっている。なぜなら小池が都知事選当選後、すぐに任命した特別秘書が野田数《かずさ》だったからです。彼は朝鮮学校への補助金を打ち切った張本人です。だから小池の任期中に補助金打ち切り問題が改善されることはないでしょう。その意味では、舛添要一のほうがまだましだった。どこから見るかで問題と評価は変わってくるんですね。

浜さんには失礼な話になるかもしれないが、私は朝日新聞元主筆の若宮啓文《よしぶみ》と親しかったんだけれども、彼の葬儀の場で初めて知ったことがありました。彼はクリスチャンだったんですね。そのときに私は不遜にも、若宮が腰を据えて闘わなかったのはクリスチャンだったからだと思ってしまった。「右の頰を打たれたら、左の頰を差し出しなさい」というのがキリストの教えでしょう。クリスチャンであることは闘うことを抑制する働きを持っていませんか。

浜　それは佐高さんの誤解です。イエス・キリストは戦闘的な人ですよ。「左の頰を差し出せ」とたしかに言っていますけれども、それは人の痛みをわかるためというところから来ている。一方で彼は「自分が平和をもたらすために来たと思うな。自分は剣を持って来たのだ」と言ったり、教会の前で物乞いをしている人をすごい勢いで追い出したり、戦闘的なんです。キリスト教徒であるということが、温和で柔和で中立的というのはまったく誤解です。ただ、「右の頬を打たれたら、左の頬を差し出すんじゃなかったの」と言われると考え込んで、定義矛盾を起こさないように物わかりのいい顔をしてしまうという傾向はあるかもしれない。

でも、人間の人権と命が踏みにじられることを絶対に許さないという思いは、少なくともカトリシズムでは非常に強いです。佐高さんが思い描かれた闘争を避けるクリスチャンのイメージは、例えば子羊の柔和さを求めるという聖書の一節から来るものでしょうけれど、聖書には多面的にまともな人間であるためにはどうするかについて、いろいろなことが説かれています。例えば、子羊の柔和さとともに、蛇の賢さを持っていなければならないとも書かれてある。若宮さんにもクリスチャンの多面性はあったでしょう。彼が戦闘的でなかったのはクリスチャンだったから

美濃部亮吉・元東京都知事

というよりは、朝日新聞だったからではないでしょうか（笑）。これは偏見かもしれませんが。

無関心こそが悪

佐高　なるほど（笑）。葬儀の後に朝日のOB四人と食事をしたんです。そこにいた早野透も洗礼を受けていました。私は早野にも歯がゆい思いをすることがあるものですから、クリスチャンであることが闘争的活動を避ける口実になっているのではないかと、邪推してしまったんです。私のようにキリスト教の教義にまったく無知な人間には、イエスが戦闘的であったというのはたいへん興味深い話です。

浜　もう一つ、イエスは反貧困、反格差の守護者でもあった。この立場はキリスト教のなかで徹底しています。富める者のおごりへの怒り、貧しい者への共感というのは、キリスト教の底流をなす精神だと言えると思います。イエスがいちばん怒るのが、無関心ということです。人の痛みがわからないということにものすごく厳しい。それが自分のせいで貧しくなった人でなくても、その前を通り過ぎてしまうことは許しがたいことだという発想が強固にある。聖書にある「富める者は禍《わざわい》なり」というのは、富めば富むほど無関心度が高くなり、人の痛みがわからなくなっていくということに関して、強い警告を発しているのだと思います。「金持ちが天国に入るのは、駱駝《らくだ》が針の穴を通るより難しい」というのは、失いたくないものがたくさん出てきて、それを守ることに汲々とするあまりに、目の前にいる人の痛みが見えなくなるということを強く訴えている。無関心社会は分断社会ですし、分断社会は権力による乗っ取りに弱い。無知、無関心、無感動への強い忌避反応が、聖書を通じて示されているんです。

佐高　その話もまた、マルクスの今日性と同様に現在の日本に突き刺さりますね。不明を啓《ひら》かれる思いがします。

浜　決めつけてはいけないんですが、佐高さんのキリスト教認識の背後には、ひょっとするとカトリックとプロテスタントの違いもあるかもしれません。プロテスタントはカトリック教会の腐敗と堕落に対する怒りから生まれたもので、それは正当な怒りでした。ただ、カトリック的腐敗に対する対置概念として、清く正しく美しくなければいけないという原理原則論がプロテスタントの世界にはあると思うんです。そこで「清く正しく」を貫こうとすると、中立でなければいけないという姿勢につながり、無色透明なバランス感覚を求める傾向が出てきてしまうのかもしれません。

しかし、本来のバランス感覚は無色透明なものではない。真っ当さを求める絶えざる運動であり、非道なものとの激しい闘争でもあり得る。プロテスタントにおいてはそこが無色透明のバランス感覚という型になってしまう場合もあるように思います。

カトリックというのは面白い言葉で、Catholicと書くとカトリック教会やカトリック信者を意味しますが、catholicと書くと、「多面的な」「多様な」という意味になります。悪く言えば「いいかげんな」ですね。例えば「私の趣味はとてもcatholicです」と言うと、手当たり次第に好きだという意味になります。「アルコールの趣味はcatholicです」と言えば、どの種類の酒でも構わずに飲む、多品種大量飲酒だという意味になるんです。ですから「寛容な」「寛大な」という意味にも通じる。そういった意味では、カトリック信者はいいかげんさが特徴だと言えなくもない。

「いいかげん」と「良い加減」

佐高　先頃ノーベル賞を受賞した大隅良典さんの奥さんが、夫を評して「いいかげん」と言っていましたね。そして、いいかげんであることが「良い加減」だと思うようにしていると も。

浜さんが言われるように、バランスを取らなければいけない調停者は無色透明ではいられない。私の師匠の久野収は戦闘的な人でしたが、しきりと『痴愚神礼讃』のデジデリウス・エラスムス［一四六六頃―一五三六。ルネサンス期を代表するオランダの人文主義者。自由な人間性を大事にし、聖書に返ることを主張］を読めと言っていて、私はシュテファン・ツヴァイク〔一八八一―一九四二。オーストリアのユダヤ系詩人、作家。ナチス政権下でイギリスへ亡命。西欧文明に絶望してブラジルで自殺した〕の『エラスムスの勝利と悲劇』なんかを一生懸命読んだものです。「我、誰にも、何ものにも属さず」の言葉が有名です。エラスムスは単なる調停者ではなく、権力者の欺瞞《ぎまん》を告発する役目を果たす。だから弾圧もされてしまうわけでしょう。ルターをはじめ、プロテスタントの清廉潔白さの追求は、危ない側面を持っています。人間社会には必ず腐敗はあるもので、根絶はできない。ある程度は甘んじて受け止めなければ社会は成り立たない。そういった認識はプロテスタントには欠けており、一方、エラスムスには関係のなかで生きることの苦闘があった。

デジデリウス・エラスムス

浜　これは容認するが、これは許せないという、原理原則的な厳密性を持っていないと調停者にはなれない。かつ、自分だけは腐敗に染まらず清く正しくありたいというような、自分の姿にばかりこだわっている人にも紛争解決能力はない。自分はいいかげんだけれども、でもやはり一線は持つ。そして最終的には神が教えてくれるだろうという、どこかぶん投げている部分もある。それによって肩の力が抜けてきて、諸々の関係性が見えてくる。そういう見透しがカトリック的なんです。「清く正しく」の鎧を着ているわけではないので、状況に対してその核心を摑みやすい。

佐高　関係のなかに身を置いてこそ、人間の傲慢さもチェックできますからね。

浜　とことん傲慢さを理解しているということであるかもしれません。こう言ってはプロテスタントに申し訳ない気持ちもしますし、お仲間ですから悪口では決してありませんが、「清く正しく」ということ自体に傲慢さがあるわけです。肩肘張っていなければいけないし、間違ってはいけないし、型通りの中立グラウンドからはみ出してはいけないという意識があるからこそ、佐高さんがイラッと来られるところが出てくる面があるのかもしれません。若宮さんや早野さんがプロテスタントかカトリックかは存じ上げませんが。

佐高　キリスト教圏のなかでも、イギリスはどこかいいかげんなところですよね。

浜　ヘンリー八世がいいかげんの技を編み出したのです。イギリス国教会のやっていることの中身や主張、守るべき儀式や秘蹟は、カトリックとほとんど同じです。唯一違うのは、教会の上に王室があることと、司祭の結婚が認められていることです。ですからイギリス国教会には、どうも魂が抜けたカトリックのようなところがある。カトリックの肝心なところを崩して王様がやりたいようにできるという、いいとこ取りの世界をヘンリー八世がつくってしまった。

稲田朋美の涙を叱る

佐高　私は「ある牧師の妻の昭和史」という伝記を書いたことがあるんです。聖公会の牧師の妻で、歌詠みの女性がいましてね。「本当に神っているのかしらね」と夫に尋ねるような素直な人なんです。戦争中、教会は鬼畜米英の象徴のように見られていて、米英から補助金が出ていると近隣で噂され、さんざん嫌がらせを受けたそうです。戦争中、教会世界は激しい弾圧を受けたんですよね。それでも抵抗らしい抵抗はしないで、主なるところは屈服した。そこから教訓が引き出されて、今に活かされているのでしょうか。

浜　カトリック教会においては、ヒトラーと懇意だった教皇について、どういう関わりだったのか、何が起こったのか、詳細に研究されています。権力と教会の関係というのは、カトリック教会自身が繰り返しずっと自問しているテーマですね。現在のフランシスコ教皇はその問題意識が強く、闘う教会としてのスタンスを明確に出しています。

それを好ましく思う人もいれば、嫌だと思う人もいます。そこはやはりカトリックの信者のなかにも、信者は社会運動的なものに加担せず、祈ってさえいればよいという人もいて、修道会として社会運動の参加を認めないところもある。そのあたりは難しいテーマですね。ひとりの個人のなかでも、キリスト教徒として何が正しいスタンスかということについて、

国会で涙ぐむ稲田朋美防衛相

それぞれの悩みがあるだろうと思います。そこには好き嫌いも、自己正当化もあるでしょう。それぞれの人らしいキリスト教徒としての姿の表し方があるのだと私は思います。なかでも私は戦闘的なほうですね（笑）。

佐高　大変良い姿勢だと思います（笑）。

大平正芳さんがクリスチャンでしたね。たしか聖公会でした。大平さんの娘婿が森田一《はじめ》で、その娘の渡邊満子が一時期、民進党の玉木雄一郎の公設秘書をしている。彼女が書いた『祖父 大平正芳』（中央公論新社）を読んでいてまざまざとわかったのですが、もはや民進党に期待せざるをえないほどに、宏池会は自民党に居場所がなくなった。それを象徴しているのが大平正芳の孫だと思ったんです。加藤紘一が言った観念保守と生活保守の区分けで言えば、今の自民党は観念保守だけになったということでしょう。

キリストの話の後に口にするのもアホらしい気がしますが、先日の稲田朋美の国会答弁なんて、観念保守の恰好の具体例ですよ。稲田は八月中旬、靖国神社参拝を見送るために、アフリカ東部ジブチを慌てて訪問した。それを問題視した辻元清美が、「あなたはいつも、国のために命を捧げた方に感謝しないといけないと言っている。言行不一致ではないか」と詰め寄ると、稲田は涙目で言葉に詰まった。生活実態から離れた観念の政治になってしまっている。

浜　ただ、観念と呼べるほど次元の高いものでもないでしょう。観念というよりも、思い込みですよ。だからこそ怖い。そういうものに限って強権的になるし、一糸乱れぬ団結を求めていきますから。

佐高　その観念に見せかけた空洞に、人々は願望を吹き込んで膨らませてしまう。

浜　思い込みというものは、メッセージが単純でわかりやすく、自己都合によって解釈しやすいので、鈴なりになっていく。知的退行現象はどんどん拡大再生産されていると思います。

第7章　安倍晋三は大日本帝国会社の総帥か

若い男子に支持される安倍政権

浜　安倍政権は男性の支持、特に一〇代、二〇代の男子の支持が強い。支持率が七〇％を超えているという調査結果があるという話を聞きました。出所をしっかり確認できていないことが悔やまれますが、最近、耳にした話です。実際にそうなのだとすれば、それはなぜなのか。恐らく、それは彼らがいちばん自信をなくしていて、いちばん方向感を失っていて、いちばん不安感でいっぱいな層だからだと思うのです。将来の展望を持ちにくくなって、非正規雇用を転々としなければいけないのではないかという思いに苛《さいな》まれている。

そういう不安でいっぱいの男子たちが、「強い日本を取り戻す」「あのときの日本人にできたことが今の日本人にできないわけがない」などと威勢のいいことを言われると、その強さと力を掲げるメッセージに酔いしれてしまう。その毒に冒されてしまう。そういうことだと思う。

一方で女性たちを属性的に見ると、若いほうが若干高いですけれども、全属性平均に比べて女性の安倍支持率は相対的に低い状態が続いています。女性たちはあの胡散臭《うさんくさ》さを見抜いている。なぜなら女性は、今の世の中でも常に差別を警戒していなければならず、余計なハードルも社会的なプレッシャーも様々にあるなかで成長してきているので、不安がいっぱいの状況に対してもそれなりに抵抗力がある。不安耐性が男子よりも強いので、そう簡単には丸め込まれないという面があるのではないか。

男子たちは、かつては将来を約束されていた親世代の雰囲気のなかで育ってきたが、急に世の中の状況が変わってしまって今や一寸先も見えない。そのときに単純明快なメッセージが目の前に出てくると、やはりそれに寄り添いたくなる。そういう迷える魂の弱さにつけ込んでいるのが、安倍の「強い日本を取り戻す」とか、トランプの「アメリカを再び偉大にする」というメッセージです。これが現状だと思います。

佐高　今の話を聞いていて、辛淑玉の体験を思い出しました。石原慎太郎が三国人発言をしたとき、辛淑玉や私は石原反対のデモ行進をしたんです。デモで車道を歩いていると、歩道から我々に罵声を浴びせては逃げるように駆け抜けていく若者がいた。「お前ら、朝鮮に帰れ！」とか何とか言っていましたが、立ち止まるのではなく、逃げるように言う。デモが終わった後、その若者が辛さんのところに来ましてね。「君は何だ」と詰め寄ったら、最初は彼も抗弁していましたが、やがて泣かんばかりに辛淑玉に抱きついて「私は辛さんみたいな人が本当は好きなんです」とか言い出す。すごく弱いんです。きっと嫌韓の高まりとその同調圧力に流されて、罵声を発するようなことをしてしまったのではないかと思います。

あれから一五年近く経ち、ネット社会が定着した現在、同調圧力に逆らうのはさらに難しくなっている。ヘイトスピーチをする連中の周りには、この若者のように流された人たちが予備軍のように存在しているのではないか。

SEALDs的なるものの未来

浜　孤立することを恐れ、自分が罵詈雑言《ばりぞうごん》を浴びせられる側になってはいけないという恐怖に脅かされて、群衆の一部でありたいという心理ですね。たしかに弱ければ弱いほどそうなってしまう。そういういちばん弱いところに「強さ」が被さってくるという力学でしょう。

佐高　だからこそ、同調圧力に逆らっている辛淑玉に憧れもする。そう考えれば、その若者にも抵抗の芽はないわけではない。

浜　そう思います。今の若者のなかに芽がまったくないのであれば、SEALDsなんかが出現してくることもないと思います。逆に、SEALDs的なるものの求心力がもっと強くなることが必要かもしれない。揺れていて仲間はずれになりたくない人たちを抱き止める力を、反骨の集団が持つということです。もう一息、「これこそトレンディーだ」と、揺れる仲間に思わせる雰囲気が出せると良かったかと思いますが、それにしても、彼らの出現には希望を託せるものがあると思います。今後、SEALDs的なるものがどこまで不安と同調圧力に揺れている層を包摂することができるか。「こっちの水のほうが間違いなく甘いぞ」

という気配を出すことができれば、希望の芽は育ち得ると言える。引っ張られやすい人たちをどちらが吸引するかという問題ですね。

佐高　まさに社会運動の側が、もっと開かれた魅力と温かさを持たねばならないでしょう。

それと企業に入っていく若い人たちに注意したい。私はずいぶん前に取材したことがあるのですが、今でもなお禊《みそぎ》研修みたいなことが行われている。たとえばパナソニックは新入社員を登山に連れて行き、山の上で研修という名の儀式のようなものをやらせる。こういうことを日本の企業はいまだにやっています。それに違和感をおぼえるのは、女性のほうが多い。男性は「せっかく一流企業に入れたのだから」と違和感を打ち消して、自分を集団のなかの一人として企業の狂気に埋没させていくんです。

ＳＥＡＬＤｓを見ていて昔と違うと思ったのは、女性が男性と対等な関係で活動していることです。それは六〇年代や七〇年代の学生闘争には見られなかった、明らかに良い面だと思います。

浜　むしろ女性たちが主導権を取っているような面も見えました。まさに女性は同調圧力を気にしていたら始まらない。日本には「男は度胸、女は愛嬌」という言葉がありますが、実は逆です。女性は愛嬌を振りまいてばかりいたら埒《らち》が明かないので、度胸で中央突破していくしかない。男性は組織のなかで右にも左にも上にも下にも常に愛嬌を振りまいていないと、ポジションを確保することができない。ですから、社会の真相はあのことわざの逆です。放っておくと女は度胸で突っ走ってしまうから、それを抑え込むために「女は愛嬌」という言い方をしているのだと思いますね。

役割仮面社会とアホノミクス

佐高　面白い。実際に、愛嬌だけで上がっていく男がたくさんいますからね。

浜　度胸をご法度《はっと》にしているような人が、様々な組織のなかで骨抜きになって存在している。

佐高　特にその同調圧力が強いのが日本の会社組織ですね。アホノミクスを打ち倒すには、日本の会社組織を変えなくてはいけない。

浜　たしかにそうだと思います。

佐高　かつて私は「社富員貧」という言葉をつくりました。会社は富むが社員は貧しいという意味です。今も企業は内部留保を貯め込むばかりで、社員に報いるところが少ない。

浜　私は常日頃から思うのですが、会社だって人の集団です。会社というものに人格があるわけではないのに、会社人間になってしまうと、普通の人間だったらやらないことをやり始めてしまう。これがおかしい。

日本の社会は役割仮面社会なんですね。経営者という役割仮面をくっつけると、お父さんや一般市民や有権者であることを忘れてしまう。お医者さん、コンビニの店員さん、おまわりさん、社員、経営者、財界人、いろんな役割仮面があるけれども、それが人間に皮膚のように貼りついてしまって、仮面をつけてしか人と向き合うことができない。一皮剝けば皆同じ市民であるはずなのに、それがものの見事に消えてしまう傾向がある。そこがアホノミクスの跋扈を許す社会の空気と無縁ではない。

佐高　浜さんのおっしゃる役割仮面社会は、労働者が人間としての権利を主張して抗議の声を上げることで変えていくしかない。

アホノミクスは富国強兵の「国」を「会社」に変えたが、しかし人々に尽くさせるスタイルは変わっていません。ただ反面、人々のほうでも忠誠の対象を求めているのではないでしょうか。日本人のある種の真面目さがそうさせるのかもしれない。

浜　司令塔を求めてしまうんですね。「リーダーシップが不在だ」などという言い方が近頃やたらと出てきますが、そんなに皆リードしてもらいたいのかと、私は不思議に思います。リーダーと言われる奴を見たら本能的にやっつけたくなるくらいの感覚がないとだめでしょう。

佐高　浜さんは演歌なんて好きじゃないかもしれないが……。

浜　好きですよ、ものによってはね（笑）。

佐高　都はるみの「大阪しぐれ」に、「尽くし足りない私が悪い」という歌詞がありましてね。これはまさしくサラリーマンの歌ですよ。それを都はるみに言ったら、彼女は目を丸くしていました（笑）。つまり会社組織の人間は、組織の突き上げに向かわず、自分を責めてしまうんです。

浜　「尽くし足りない私が悪い。もっと残業しなければ」という感じですよね。

企業には社会的責任がある

佐高　修養団という社会教育団体がある。戦前に草の根ファシズムを支えた団体ですが、戦後もこれを停止させることができませんでした。それどころか、住友、日立、東芝、松下など、多くの企業が今もこれを支えている。修養団の「誓願」に「人よ起てよ起ちて汗に帰れ汗なき社会は堕落なり」という一節がある。これはいかにも禊研修に通じるメンタリティですよね。つまり、ファシズムと会社組織は地続きなんです。戦争と会社はつながってしまっている。たとえば日立は会社のなかに修養団が組み込まれていて、修養団の管理職が日立でも管理職だったりする。それで「三つのアカを消す」といって、赤字・共産主義思想・火事を消すと掲げています。

浜　戦前、戦中からの継続として、国策を実施するための組織としての企業を見ておかなければならないわけですね。

佐高　実際に戦争中はそうだったし、それが戦後も断ち切れてはいないから、簡単に戻ってしまう危険性がある。

浜　なるほど。だからこそ、今、例の政労使会議を通じて指令を発しやすい構造ができあがってしまっているわけですね。チームアホノミクスが発足して以来、政治が企業経営のあり方に口を出す傾向がものすごく強い。

彼らはそこでガバナンス（企業統治）と言うけれど、しかし彼らがガバナンスを語るときには絶対に出てこない概念が一つある。それは企業の社会的責任という概念です。企業統治と企業の社会的責任はまさしく表裏一体でなければいけないのだが、彼らがガバナンスを語るときには「もっと効率的に儲けられる体制を徹底的に構築せよ」という意味しかない。実際に「稼ぐ力を強化するためのガバナンス」などという言い方を彼らはします。ところが、ガバナンスの強化が世界的に言われるようになったのは、実はまさに稼ぐことばかり考えるなという脈絡からでした。アホノミクスは正反対の視点から企業の管理のあり方をとらえている。それで「効率的に儲ける体制を築け」「社外取締役の位置づけに成功せよ」「金融機関ももっとコミットしなければだめだ」などと言う。

安倍は大日本帝国会社の総帥になった気分でいるのではないでしょうか。大日本帝国会社は、先ほど挙げられた日立や東芝をはじめ、個別会社の持ち株会社の位置づけにあるというイメージが浮かびます。当初、私は、大日本帝国株式会社の安倍CEOという構図をイメージしましたが、ただちにそれは違うと思い直しました。正しいイメージは、まず、大日本帝国会社という国策会社。その親分は社長ではなく総帥という役どころです。総帥が指令を発して、個別会社のほうはそれを実施していく。そこで忠実に力を入れてやっていると、世界への原発の売り込みに総帥が乗り出して「うまく話をつけてあげるよ」と囁《ささや》く。そこには、まさに越後屋と悪代官の関係もあるし、国策会社の親分と子分の関係もある。そういう構図のなかで、富国強兵の路線が今日的なフレームのなかで再現されつつある。私には現状がそのようなものに見えて仕方ありません。

佐高　日本の財界のなかに、経済同友会と経団連（日本経済団体連合会）と日経連（日本経営者団体連盟）があった。日経連はアカ対策なんですね。会社のなかの共産党潰しを役目とするので、財界労務屋と言われる。同友会は、好意的に言えば、社会的責任を強調した若手経営者でスタートした団体です。経団連は政財界の緊張関係を保っているところもあったが、今は日経連を吸収して、労務屋の発想しかなくなった。歴史的に見ると、ここから瓦解《がかい》したものもありますね。

誰のための同一労働同一賃金か

浜　そうですね。かつては財界総理や財界四天王などという言い方がありました。本当の総理でも頭が上がらない人がいた。いわゆる財界人たちが、市民的な監視人の役割を多少なりとも果たしていた面がありました。今はそれは完全に消え去った。今日の財界は大日本帝国会社の一翼を担っているに過ぎない。まさに労務屋と一緒になったというのが表れているのが、同一労働同一賃金、もしくは同一価値労働同一賃金です。政府がこれをやるのだと言い出し、野党側が慌てている。

同一価値労働同一賃金はＩＬＯ（国際労働機関）も打ち立てている概念であり、労働者側に立った概念ですから、その概念自体には問題はありません。ただ経団連が言っている同一価値労働は違う。それは、企業にとって同じ付加価値を生み出す労働が同一価値労働であり、それには同一賃金を払うと言っているんです。企業にとってどう役に立つかという発想から、同一労働の価値を決めようとしている。労働者の権利をどう守っていくかという観点を持って当たり前なのがガバナンスですが、その肝腎なところが彼らの認識にはまったくない。彼らは、労働「者」を、労働「力」としてしか見ていない。人間が不在なんです。

佐高　勤務評定的側面を持っているんですね。企業側がその労働が有益かどうかを判定するという。

浜　まさにそうです。ガバナンスの概念にせよ、労働の価値にせよ、視点の大いなる逆転が平気で進められつつある。

佐高　先日、電通の女子社員が過労死した事件がありました。この事件にも顕著ですが、社畜的な日本的経営はなくなったと言われるけれども、新自由主義のなかで競争が厳しくなればなるほど、忠誠競争はもっと激しくなっている。男性よりは忠誠競争から自立していたはずの女子社員を巻き込むほど、今や強くなっている。それが今回の電通の事件だと思います。

浜　あの事件は、被害者を苛め倒している面があるようですね。反省会などを行って、心を挫《くじ》き倒すような指導があったことが明らかになっている。人の魂をへし折ってやるという上からの暴力的な力がそこに働いている。二一世紀にこのようなことがまかり通っていることにまったく愕然とします。人の痛みがわかる人々の世界とあまりにも無縁な状況の犠牲者のために、心底から怒っていかなければならないと思います。

時代を追って見れば、二一世紀に入って「失われた一〇年」が終わり、日本もようやくグローバル化の波に乗っていくのだというところから、激しい差別選別が始まり、年功序列に代わって成果主義が導入された。成果主義は、努力する者が報われ、創造性が評価されるという触れ込みでしたが、しかしそれがどういう風土をもたらしたかというと、冒険できないというメンタリティです。減点されてはたまらないから、安全なところで評価を確保するというメンタリティを逆に強要してしまった。伸び伸びできるのが成果主義だと思いきや、実際には正反対で、厳しく減点されていくから、上に言われたとおり確実に無難に効率的に仕事をこなしていくという作法が広がってしまった。

そういう展開が、今日に至る企業と社会の性格をつくっていると思います。成果主義で監視されているなかでは、疑問を持つ、問いかけを提示する、新しい発想を提案してみるということが、全然できない。そんななかに若者たちがぎゅうぎゅう詰めになっていけば、魂はどんどん弱くなります。そういうなかで、減点されず、無難な成果を上げることを目指そうとすると、過労死や自殺に追い込まれる。なんと前近代的状況が現出していることか。

若者よ、知性を解放しよう

佐高　戦争中に東條英機が、食糧配給が報告どおりに行われているか、庶民が贅沢品を食べてはいないかを、みずから民家のゴミ箱を漁って確かめたという話があります。ああいう感じの成果主義ですよね。

浜　そうです。減点主義的成果主義です。

佐高　住友銀行の國重惇史にしても、富士通の池田敏雄にしても、反逆者が組織を救った例はいくらでもある。こういう人を評価できるのが本当の意味での成果主義であるにもかかわらず、日本では歪曲《わいきょく》されている。

浜　魂が永遠に解放されない状況のなかに、アホノミクスみたいなものが出てくると、やっぱりそこに吸引されてしまう。

佐高　浜さんは学生や若い人と接していて、新しい芽を感じますか。

浜　逆に知性が解放されていないと感じることが多いですね。「こんなことを言っていいんですか」「こんなことを考えていいんですか」という空気を彼らから感じてしまう。お行儀のいい答えをまず先に知りたがるという感じがあります。やはりネットですぐ検索してしまって、だいたいコンセンサスがこのあたりだと調べてから、あたりをつけて発言する。そういう発想になってしまっているようです。調べる癖がつきすぎていることにも問題がありますす。それでだいたいわかった気になってしまうし、その状態に一刻も早く自分をもっていきたいという傾向が強い。

私の授業を受講してくださる学生たちは皆さん社会人ですから、その皆さんの感性はかなり違います。それはそれとして、いずれにせよ「調べて安心」とは異なるところで皆さんと謎解きしていきたいと思うので、私の授業では毎回テーマを設定して宿題を出すんです。

「ゼロ金利政策とは何か」とか「人はなぜ金を払うのか」とか、テーマを出して、それについてレポートを書いてもらい、レポートを書く過程で皆さんのなかで湧き出てきた疑問を授業で発表していただき、それらの疑問にお互いに答え合っていただいています。レポートを書いてもらうにあたっては、三つのポイントを押さえてもらうようにしています。①：調べずに考えたこと。②：調べて発見したこと。③：①と②との関係のなかで湧いてきた疑問。

①がとても重要です。いきなり調べてしまうと、ある意味で発見もできなくなってしまう。まず自分の頭のなかで考える。それと調べたことを突き合わせてみたら、全然違ったりする。するとそこから疑問が湧いてくるんです。誰もがいきなり調べてしまうと、皆が同じことを書いてくるということになってしまう。

佐高　それでは知識商人になってしまいますよね。知識の切り売りに過ぎない。知識は考えるための素材に過ぎないのに。

浜　行間を読む能力、時代の本質的な危険を察知する能力、人の表情を見抜く能力、嘘を見破る能力……そういう生きた感性が弱くなっている。そういう知的荒廃に、今のメディア環境のなかで若者たちは常にさらされていると思います。

佐高　同調圧力は我々の時代よりも強くなっているんですかね。

浜　ものすごく強くなっていますね。

佐高　違ってあることの喜び、異なってあることの手ごたえを感じられないものでしょうかね。

浜　その余地もほとんどないんだと思います。何か言われたら、皆が一斉に調べ始めて、そして同じサイトに到達する。だから結局、同じ解答になって、それで安心する。本当に考えたり思ったりするプロセスが奪われてしまっている気がします。

佐高　由々しき事態ですね。

単なる記録装置になった記者

浜　やはりメディア環境が大きい。しつこく批判をしますが、メディアが異を唱えることをしなくなってしまった。まるで「三本の矢」を一本ずつ正確に言えるかどうか競うかのように、メディアは横並びにアホノミクスの流れに乗らされている。「何だこれは？」という論調が一つもない。「こんなもの、死んでも覚えてやるものか」という人がいない。これが私は不思議です。

佐高　メディアも成果主義に侵されている気がします。私は三・一一の直後の東京電力の株主総会に、毎日新聞の依頼で入ったことがあります。株主総会そのものに出席したのではなく、広い会議室にメディアが集まって総会の中継を見たんです。その部屋に入ろうとしたら、入り口に「録音・録画・配信はご遠慮願います」と書いてある。驚きましてね。何を偉そうにメディアに指図をするのかと、私は東京電力に文句を言ったんですよ。損失補塡事件のときの野村證券だって、そんなことはなかった。

なおショックだったのが、一〇〇人ほど集まった記者たちが、そこに疑義を呈することなく、おとなしく会場に入ってしまっている。

浜　録音・録画・配信をしないメディアとは一体何でしょうかね。

佐高　その部屋がまた、シーンと静まり返っていて、記者たちがパソコンのキーボードを打つ音だけが響いている。キーボードを見つめている場合じゃないでしょう。総会で話している人たちの表情や、株主が原発をやめましょうと提案したのを誰がどうやって却下したか、それを見逃してはいけないときに。

浜　場合によっては録音禁止かもしれませんが、総理大臣の記者会見なんかを見ていても、ICレコーダーで録っているはずなのに、なぜそこでキーボードを打ち込む必要があるのかといつも思う。文字化するのは後で音声を聞きながらやればいい。嘘をついたり、ビビったり、話している人の表情から読みとれることがあるのだから、記者たるもの、それを見ておくべきです。

佐高　正直、寒気すら感じました。皮肉を言えばね、新聞記者がこんな体たらくだから、私が言論人として食っていけるんだと思いましたよ。記者たちが体制にとってまったく脅威になっていない。

浜　彼らは記録装置になってしまって、頭が働いていないのではないか。それ自体が問題ですし、リアルタイムで記録にとどめることが癖になると、記憶力も低下します。集中して聞いていれば、ふと疑問が湧いてくるところがあると思います。メディアの人間の聞く力が低下しているから、とんでもないこともいけしゃあしゃあと通ってしまうということがある。

佐高　体制側に舐められているんですよ。

メディアが見逃した「安倍の言葉」

浜　それを強く感じた一例が、消費税の増税再延期を発表したとき（二〇一六年六月一日）の安倍の記者会見です。新聞が掲載した記者会見の記録を読むと、肝腎なところを落として要約を書いてしまっていると感じました。照らし合わせるために、首相官邸が発表した逐語の記録を読むと問題点がはっきりしましたね。安倍が「内需を腰折れさせかねない消費税率の引上げは再延期すべきである。そう判断した」と打ち出すわけですが、冒頭のほう、かくなる上はといった感じで「現下のゼロ金利環境を最大限に生かし、未来を見据えた民間投資を大胆に喚起します」と言っている。「ゼロ金利環境」と言っているわけです。あの時点で

新聞がスルーした安倍首相発言の誤り

2016年6月1日の安倍首相会見（抜粋）
最も重要なことは、構造改革を断行し、将来の成長を生み出す民間投資を喚起することであります。 TPPの早期発効を目指します。さらには、日EU・EPAなど「良いものが良い」と評価される自由で公正な経済圏を世界に拡大することで新しい投資機会を創り出します。 現下の**ゼロ金利環境**を最大限に生かし、未来を見据えた民間投資を大胆に喚起します。（首相官邸HPより）
もっとも重要なことは構造改革を断行し、将来の成長を生み出す、民間投資を喚起することだ。TPP（環太平洋経済連携協定）の早期発効を目指す。自由で公正な経済圏を世界に拡大するため、新しい投資機会を作り出す。最大のチャレンジは多様な働き方を可能とする労働制度改革だ。 （6月2日付東京読売新聞紙面より）
安倍首相は首相官邸で開いた記者会見で、「現行の**ゼロ金利環境**を最大限に生かし、新たな低利貸付制度によって、21世紀型のインフラを整備する」と述べた上で、「リニアの計画前倒し、整備新幹線の建設加速によって全国をひとつの経済圏に統合する地方創生回廊をできるだけ早く作り上げる」と強調した。（6月2日付大阪読売新聞紙面より）

安倍首相の「ゼロ金利環境」という誤った発言に対し、読売新聞東京版は発言要旨でも触れず、同大阪版は発言には触れたものの、誤りについてはスルーしている。なお、「ゼロ金利環境」という言葉に日経は触れず、朝日、毎日は触れたが、発言の誤りを指摘したところはなかった

は金融政策はゼロ金利政策ではありませんでした。マイナス金利政策を日銀がやっていた真っ最中に、「現下のゼロ金利環境を最大限に生かし」と言った。これは明らかに誤りですよね。中央銀行がマイナス金利付き量的・質的金融緩和に踏み出していたわけですから、そのことをまさか総理大臣が知らないわけがない。いや、安倍ならゼロとマイナスの区別がつかない可能性がなきにしもあらずですが、しかしチームアホノミクスの親分として指令をしているわけですから、知らないわけがない。

にもかかわらず、あえて「ゼロ金利環境を最大限に生かし」という言い方をしたのはなぜか。マイナス金利が失敗だったと本人が感じていたからでしょう。すでにマイナス金利の悪影響が出てきてしまっていましたから、ゼロ金利と言うことで、マイナス金利の実態を抹消してしまいたいという発想が安倍にあったのだと思います。これで翌日に新聞が「ゼロ金利」と書いてくれれば、皆がマイナス金利を忘れてくれるかもしれないと期待したのかもしれません。

それに対して、なぜ記者は「総理、現下はゼロ金利でなくマイナス金利ですよね」とか「マイナス金利をやめるということですか」と詰め寄らないのか。きちんとフォローして聞いていれば引っかかるはずですよ。しかし、ゼロ金利という言葉が記者たちの頭のなかをすんなり通ってしまった。これをスルーさせるのはメディアとして非常にまずい。

「2006年を漢字一文字で表せば？」という質問に答える安倍首相（フジテレビ系列「ＦＮＮニュース」より）

佐高　今日のメディアの存在意義に関わる瑕疵《かし》ですね。もはや権力のチェックという役割を果たし得ていない。政治部の記者があまりにも経済を知らないということもある。

半分冗談話ですが、安倍がゼロとマイナスの区別がつかないというのは、あり得ないことではない。第一次安倍内閣のときでしたが、テレビのニュース番組で「自分にとって今年の一文字は？」と問われた安倍が、「変化」と答えた。キャスターが慌てて「一文字でお願いします」と訊くと、今度は「責任」と言う（笑）。一と二の区別がつかない。

そもそも安倍に二度も政権をとらせたのが間違いなんです。安倍ほど不出来な人間でも、第一次内閣の失敗を受けて、残念ながら学んでしまったところがある。第一次の官房長官が塩崎恭久で、第二次が菅義偉《よしひで》ですね。菅は安倍内閣の右派エリートのなかでは苦労人の部類で、叩き上げのゲッベルスみたいな人でしょう。この人選を見ても、安倍が悪知恵をつけたというか、耐性菌のようになってしまったことがわかる。

浜　記者会見の公式発言部分を見ていくと、安倍が何を学んだかがよく見えてきます。「三本の矢」や「エンジンを吹かす」など、今日的なメディアが使いやすいキャッチーな言葉を使う術を学びましたね。もちろん知恵袋に言わされているだけという面もあるのでしょうけれど。その証拠に、メディアが彼らから押しつけられた言葉をそのまま使うという傾向が大変に強い。メディアが一度使った言葉は、またそのまま政権側が使う。恐怖のキャッチボールですね。

佐高　今の政権は財務省よりも経産省寄りだと言われます。経産省は企業活動と一体にありますから、時代の流れや流行、人々の気分をつかむのが上手い。その筆頭に、この対談の初めに触れた内閣総理大臣秘書官の今井尚哉がいる。この男が「一億総活躍社会」というコピーの発案者です。この者たちの詐術が世の大勢となり、メディアを飼い慣らし、人々の意識を支配してしまっている。ここから身を引きはがして流れに抗うことは並大抵のことではなくなっています。

第8章　アホノミクスをどう叩きのめすか

グローバル市民主義が世界を救う

佐高　安倍的なものがこれだけ日本社会を浸食しているときだからこそ、私たちは社会のそこここに、市民的で非政府的なもの、また新たな公共性を宿した動きを見出して、それを支援していかなければいけないと思います。「とくし丸」的な新しく、でも経済の原点を見せてくれるような経済活動、これはまだいっこうに実現してはいませんが非正規労働に本気で向き合う新たな労働組合。これらについて浜さんと討論してきましたが、NPO（特定非営利活動法人）にも一縷《いちる》の可能性があるのではないかと思うんです。NPOと言いながら政府から資金を得ている団体もあるし、体制にぴったりと寄り添うばかりの団体もあり、問題性は大いにある。しかしながら、NPOというあり方には可能性はあるのではないか。

浜　おっしゃるとおり、NPOには政府が主宰しているものがある。希望を託すと言うなら、NPOもさりながら、NGO（非政府組織）だと思います。非政府の機関が、今の時代にはものすごく重要な役割を果たすところが大きい。

実際にWTO（世界貿易機関）をウォッチするNGOもあります。そのNGOは、WTOで行われる紛争処理の協議をオブザーバーとして見ることができる立場を勝ち取っている。そういうふうに権力を監視したり、あるいは社会貢献をしたり、これからの世界でキーになってくるのはNGOではないでしょうか。

佐高　ペシャワール会の中村哲さんもそうですね。今、南スーダンの危険が高まり、自衛隊の派兵は致し方ないという空気になっている。しかしパキスタンやアフガニスタンで医療活動を行ってきた中村さんは、自衛隊が来ることが自分たちの活動の妨げになるとはっきり言っています。そういうふうに民間組織の新しい運動性を押し出していかないと、危機を煽って軍事を突出させようとする勢力を撥ね返すことができない。

浜　本質的な問題について声を上げる役割は市民の側にあるということですね。NGOはまさに市民の代表者であり、市民の団体です。今の世の中を救うのは、グローバルな市民たち、グローバル市民主義ではないかと私は思っています。市民たちが、自分たちが体制の監視役であるのだと立ち上がることです。以前に「影の内閣」を議論しましたが、市民による「影の中央銀行」や「影の政府」など、すべてのものについて影の市民反骨団体ができる世の中になってくると、体制側もそうそうとんでもないことはできなくなりますよね。

ペシャワール会の中村哲医師

佐高　また市民側として、NGO的なものを始めるのに気負うことはないと言っておきたい。先日、『創』に載っていた雨宮処凛のレポートが面白かった。「NO LIMIT 東京自治区」と称して、二〇一六年九月一一日から一七日の一週間、「台湾、韓国、香港、中国、タイ、マレーシア、ドイツ、オーストリアなどなどから大量のマヌケで愉快な貧乏人たちが東京に押し寄せ、連日、デモやライブやイベントや路上飲み会が繰り広げられたのである。来日した外国人の数は、180名ほど」。これを主催したのは「素人の乱」の松本哉《はじめ》で、彼がアジア各地のネットワークに呼びかけて実現したそうです。「なんたって、アジア中から貧乏人が押し寄せたのだ。その中には無一文で日本にやってきた台湾人もいた。聞けば、普段は台北の橋の下で暮らしているのだという。22歳という若さにして『ホームレス』。しかもヴァイオリニストというのだから、貧乏なんだか優雅なんだかさっぱりわからない」。こういう「マヌケで愉快」なアクションも得がたい希望だと思うんですよ。

NGOというと、志の高い人たちで集まらなければいけない気がするものだけど、真面目に構えることだけではないはずです。

市民は皆、クレーマーたれ

浜　NGO、特にNPOのように法人格を持つと組織ができてしまって、そこに硬直性や上下関係、内部対立などが生まれる。その「NO LIMIT 東京自治区」のように、何かわからないけど集まっているという感覚が重要だと思いますね。そこからまだ見たことがない貧乏人の反乱が始まるかもしれない。

佐高　未知のものが持っている潜在力は大事にしたい。旧来の組織も、自分たちの組織を絶えず壊して再構成するような流動性を取り入れていくほうがいい。

浜　口うるさく、目つき鋭く、耳の感度の高い市民たちが、折に触れて、テーマに応じて、集まっては小うるさいことを言う。それこそ、「安倍が記者会見をするたびに、そのやりとりをつぶさに吟味する会」とか、「日銀の政策決定会合の議事要旨を舐めるように読んで、隠された真相を暴く会」とか、自由に次から次へとできるはずです。

佐高　クレーマーというものが悪いイメージを持たれていますが、それは企業から見た場合です。我々がクレーマーになるのは必要なことです。

浜　むしろ、民主主義における市民は皆、クレーマーでなければいけないと思います。

佐高　前にお話しした『住友銀行秘史』の國重さんは、ある種スーパースターという側面はあるが、一方で考えざるをえなかったのは、住友銀行に組合はあったのかということです。やはり労働組合をもう一度再構築しないと、とんでもないことになる。むしろ今は生活協同組合に押されている。

浜　そもそも労働組合というものが何のためにあるのかという認識が本質的にできていない。過去も知らない。労働運動という言葉さえもあまり使われなくなってしまった。労働運動とは人権闘争です。労働者の人権を守るための闘争であり、それを実践するのが組合です。それを知らない組合員が圧倒的多数なのではないでしょうか。

佐高　クレーマーであることをやめてしまって、「分け前ちょうだい」という話になってしまった。それが安倍に見事に利用されている。

浜　まったくです。政労使会議なるものにのこのこ出かけていって、殿の下知を頂戴してくるという。そのどこに闘争があり反抗があるのか。すごくビビっているし、労働組合の本来の姿からはかけ離れている。同じ組合として相対的に元気なのは、むしろ生活協同組合です。生協はもともと学生運動出身の人が多いせいかもしれませんが、威勢がいいし、反骨の思いで社会の様々な領域に対して発言していますよね。決して弱気でない。そこにも今、希望の核があると言えるかもしれませんね。

佐高　生活協同組合は、生産の場でなく、消費の側に足場を置いている。生産の場にいる人はからめとられやすいですよね。

浜　本当は生産の場であればこそ、搾取を許さないという思いが強くあってしかるべきなんですけど、やはり分断されてしまう。ですから、生活協同組合は団結しやすいですけど、労働組合は組合内対立が生じてくる。

怒りを失くした労働組合

佐高　労働組合は企業別組合であって、企業ごとに分断させられている。生協のほうは会社なんて関係ありませんからね。生協運動が、消費の側に足場を置きながら、生産の側との自立的な流通回路をつくりつつあることは、新しい経済の現れとして注目されていいと思います。それは「とくし丸」の動きなんかとも交差して、経済を人間の生活のほうに取り戻すことにつながっていく。

浜　それは重要な潮流ですね。

労働組合においては、やはり産業別労働組合が連合（日本労働組合総連合会）の発足とともに力を失ってしまったこと、同時に非正規雇用／正規雇用、日本人／外国人といった分断の力学に、権力側の思うがまま、乗せられてきてしまったことが深刻です。

佐高　連合発足に分断的要素が内包されていて、そこにさらに裂け目を入れられてきてしまった。それが拡大している。

浜　労組は再び本物の労働運動をしなければいけないですね。

佐高　今の状況であれば、若い人が入らないのは、むしろ当然かもしれない。非正規の問題にも過労死の問題にも、労働組合はタッチできないんですから。

浜　しかし市民としてなら、団体はなくても団結はできる。安保法案に立ち向かう動きは、団体は形成していないのに団結している様々な人たちの力が生み出したものでしたよね。二一世紀型市民革命はああいう形をとるだろうと思うんです。そこがエネルギーを持ち続け、さらにエネルギーが高まってくるといい。そういう意味では、ＮＧＯは大きな可能性だと思います。

佐高　組織は常に個のアナーキーな精神が生きていないと腐ります。日教組や自治労は連合のなかではマシな組織ですが、日教組の委員長が活動費でクラブ通いをしたり、池袋のラブホテルにしけこんだりしていたと『週刊新潮』で報じられています。変な活動費が集まって、肝心なことを忘れて余計なことをしてしまう。

私は昔から自治労と日教組は連合から抜けろと言っている。彼らは連合に金を出さなければいいんです。出したら連合と共犯になる。反原発を主張しても、連合に金を出したらそれは矛盾になるはずです。

浜　闘争主体としての過激さを持たないといけません。今の労組には怒りがない。怒り方を忘れている。

怒れないのは知性の荒廃

佐高　稲田朋美が泣いたことについて触れましたが、あんな幼稚な泣き方はない。私は十数年前に評論集を出したとき、『泣くより怒れ』（毎日新聞社）というタイトルをつけたんです。
　それは、小泉純一郎の涙を見たからなんですよ。小泉が知覧の特攻平和会館に行って泣く様子を、テレビで見てしまった。これは違うだろうと思いましてね。逆に、『サザエさん』の長谷川町子さんの妹で、出版社を営んでいる長谷川洋子さんは違った。とても穏やかな人なんですけど、彼女は知覧特攻平和会館に行って、腹が立ったそうです。自分より少し年上の人たちがあまりにも若いときに特攻に行かされて殺されてしまった。その人たちの写真を前にして、長谷川さんは腹が立って腹が立って仕方なかったと。それを帰りのタクシーで話していたら、「大抵のお客様は泣きながら帰るんですけどね」と運転手さんに言われたそうですよ。彼女の感性がよっぽど正しいと思いますね。
浜　怒ることができないというのは知性の荒廃です。怒らないというのは、知的感受性も低下しているということでしょう。こんなけしからんことがあっていいわけがないと思えるかどうか。
　人の痛みに思いを馳せて涙することこそ人間の本質ですけど、その涙は「なぜこの人をこんなひどい目に遭わせるのか」という怒りに通じるものです。佐高さんが言われるように、稲田朋美の涙は「なぜ私をこんなに苛めるのか」という幼稚な涙です。幼稚な涙と崇高な涙があります。安倍がすぐキレるのと、稲田の涙は、同じように精神の幼稚さの表れです。

佐高　あれは浜さんの言う「もらい泣きの経済学」の対極にあるものですね。加藤紘一も小泉に対して言っていましたが、仮にも為政者の立場であるなら、特攻のような暴虐を二度とやらせないために怒れ。一緒に泣いてどうするのか、と。

浜　小泉の涙は、その意味すらわからないですよね。

佐高　ところが、日本のメディアはそこに同調してしまう。「あの小泉さんが涙を流した」などと、ある種の美談として報じる。涙の意味なんて考えていないんです。やはり、何に対し、誰に対してもらい泣きするか、そして怒りをどう育てていくかが問題です。

浜　まったくそのとおりですね。知性を疑われたくないという萎縮、減点成果主義に対する萎縮の傾向が世の中で強くなりすぎている。

佐高　スポーツライターの玉木正之がブログ（「タマキのナンヤラカンヤラ」二〇一一年三月一二日）で告白していましたが、原発の広報記事への登場を依頼されたとき、「言いたいことを言ってください」と言われた上に、五〇〇〇万円というギャランティの多さに惹かれて、出てみようかと思ったそうです。ところが、原発をつくらないほうがいいという主張はだめだと言われ、そこで折り合いがつかずにボツになったそうです。それが二〇一〇年のことで、翌年に三・一一が起こった。自分は言い分を曲げなくて良かったとつくづく思う、そう書いていました。今でも原発広報記事に出ている言論人がたくさんいる。佐藤優や山内昌之がそうです。事故前の二〇一〇年で五〇〇〇万だったんですから、今は一〇〇〇万円を超えているかもしれない。

浜　その神経は到底わからない。

佐高　浜さんや私には最初からお呼びがかかりませんから、要らぬ心配ですけどね。でも玉木さんはよく告白して残してくれたと思います。それで相場がわかるようになった。

浜　たしかに、そうですね。

あらゆる闘争を集約せよ

佐高　市民運動の可能性について話してきましたが、それは市民がアホノミクスに取り込まれている状況への抵抗にもならざるを得ない。そして我々のほうも、以前浜さんがおっしゃったように、抵抗する市民の概念をもっと押し広げて、様々な存在を包摂するものにしていく必要があるように思います。

そこで、これまでも、そして今も組合の外にいる非正規労働者とマルクスについて、最後に少し考えてみたいと思います。マルクスは、『共産党宣言』のなかでも、『ルイ・ボナパルトのブリュメール一八日』のなかでも、いわゆるルンペン・プロレタリアートを、社会運動の主体にはほとんどなり得ず、反動の側に使われやすい人たちだと、罵倒的な言い方で酷評しました。浜さんはこのことをどう捉えていますか？

浜　それは私たちが、安倍にだまされてしまう人々に対してどこかで抱いてしまういら立ちにも通じるところがあると思います。マルクスは一八四八年の欧州革命の様々な場面で、最下層の人間が権力を支持してしまう、権力に使われてしまう姿を見聞きしました。そして、それこそが搾取の構造を最も強力に補強してしまうことなんだという憤懣やるかたない思いから、ルンペン・プロレタリアートを罵倒したのではないでしょうか。

佐高　前に浜さんが言われた、労働者になり得ない存在の生存権を主張するというのは、大事な考え方だと思います。企業が「有用な人間」「有用な労働力」をあからさまに選別するようになった時代に、非正規労働者や、労働者になり得ない存在をも含めて、最下層で揺れ動く存在をどう包み込んだ「市民」がありうるのか。

浜　それこそが今日の社会運動の心臓部ですよね。労働者にさえもなり得ない人々の生存権をどう守るのか。世界人権宣言はそこを謳っていると思うんです。生産に役に立つ者の権利だけを守るのではなくて、労働者にさえもなり得ない人々を救済するため、その人たちの人権を守るために、社会保障制度や社会保険制度はさらに確立され続けなければいけない。そういう社会意識と社会運動があれば、ルンペン・プロレタリアートが権力に丸め込まれることにはならないだろうと思います。

考えてみれば社会保障制度の原点には、一六世紀の貧困法があり、社会保険制度の原点はビスマルクにあります。しかし、貧困法は「もらい泣きの経済学」によってつくられたものではない。それは、最下層の人間を放っておくと疫病を広げてしまうとか、暴動を起こすかもしれないとか、そういう状況を抑え込むために、一定の生活を保障しなければまずいという発想で、施しという形で貧困法ができたんです。ビスマルクの社会政策は、鉄血宰相が考えた社会保険制度ですから、要するに革命を起こさせないためのものでした。

今の世の中の社会保障や人権の擁護は、そこを超えなければいけない。ＩＭＦなどが、最近になってようやく、グローバル社会は格差の拡大に目を向けなければいけないと言い出しているのですが、それは社会的に危うい現象だと私は思います。

世界的にトランプやフィリピン大統領のロドリゴ・ドゥテルテのような人が出てきて、まさにルンペン・プロレタリアートが取り込まれることへの危惧から言っているだけであって、それでは不十分なんです。もらい泣きの思いをもって、断固としてあらゆる弱者を救済し、本源的な人権を確立すること。そこに我々の意識は向かなければいけない。そもそも、その発想が欠如していたからこそ、その隙を狙ってアホノミクスやトランプ現象が出現してくるわけです。そこを見据えなければ、チームアホノミクスを本当に叩きのめすことはできないと思っています。

佐高　浜さんがおっしゃるように、旧来の秩序や社会意識を超えるということが重要で、それはルンペン・プロレタリアート的な存在にしか超えられないという面がある。たとえその成果が一時的なものだったとしても、血を変える、意識を変えるという意味では、ルンプロ的なエネルギーが重要なのではないか。蓮舫の民進党の体たらくなどを見ていると、ルンプロ的なもののエネルギーを汲み上げている雨宮処凛たちの運動のほうが、はるかに未来への可能性を秘めていると思います。

浜　アメリカでバーニー・サンダースにあれだけサポートが集まったことには、今おっしゃったような底辺のエネルギーが湧き上がってくる社会の傾向が見えました。サンダースはレースからは撤退はしましたけど、あのエネルギーはアメリカの悲惨な状況の底に今も潜在しているわけで、簡単には言えませんが、そこには希望がなきにしもあらずだと思います。

佐高　増税にあえぐ農民たちが明治政府に対して決起した秩父事件のリーダーは、ヤクザでした。渡世人の田代栄助が困民党の総理として無血蜂起を指揮したんです。田代栄助なんかもルンプロの一種と言えるでしょう。ヤクザをルンプロと言って肯定したら、浜さんには同意いただけないかもしれませんが。

浜　問題ありません。貧しい者、弱い者の側に本気で立つなら、ヤクザであろうと何だろうと歓迎でいいでしょう。アホノミクス的な人権侵害を蹴散らかしていくには、あらゆる弱者を包摂する、あらゆる闘争の集約が必要なのだと思います。

おわりに

佐高　信

浜矩子さんとの四回計八時間に及ぶ対談は刺激に満ち、密度の濃い語り合いだった。

まず、感嘆したのは浜さんの言葉のセンスである。その正体を見抜いているから、「アベノミクス」をズバリ、「アホノミクス」と切り捨てる。

アベノミクスは、およそ「政策」の体をなしていないもので、経済政策とすることにすら問題があると、浜さんは指摘し、アホノミクスと名づけることさえ過大評価だったと考えざるをえないと続ける。そして、「どアホノミクス」だと断罪するのである。

アメリカの大統領がトランプになって、この本は、いっそう、その重要性を増したと私は思っている。浜さんも同じ考えだろう。

そもそも、経済は政治や社会との関わりのなかで語られなければならない。ポリティカル・エコノミーという言葉が示すように、特に政治との関係が重要だが、アメリカでも日本でも横行しているのは、それを切り離そうとする新自由主義である、しかし、これはアベノミクスに似て、そう呼ぶのはまちがいと言っていい弱肉強食のエセ自由主義である。

弱者へのケアを実現しようとしたオバマを真っ向から批判したことでわかるように、トランプはこの立場に立っている。

いわゆるプアホワイトと呼ばれる白人たちはトランプを熱狂的に支持したが、「自己責任」の名で弱者を葬り去るトランプの政治が彼らの期待を裏切ることは早晩明らかになるだろう。

経済体制が競争を是としている以上、勝者と敗者、あるいは強者と弱者が生まれることは防げない。しかし、その格差をできるだけ政治が縮める努力をしなければ、必ず格差を原因とした社会不安が生まれてしまう。

ところが、トランプも安倍晋三も、規制緩和の名の下に、野放図にルールを破壊し、格差を拡大することに手を貸す。つまり、政治がその役割を放棄し、経済の従僕化することがいいことなのだと喧伝しているのである。

私たちは冒頭、日本銀行総裁・黒田東彦の、およそ金融政策とは言えないそれの批判から入った。対談のなかでも少し触れたが、そのとき私は『週刊現代』一九九一年二月二日号の連載コラムで、当時の日銀総裁・三重野康を、池波正太郎描く鬼平（火付盗賊改方長官・長谷川平蔵こと「鬼の平蔵」）になぞらえたことを思い出していた。

かつては無頼の生活をしたこともある鬼平は「善と悪との境が紙一重だということを、肝《はら》の底から、わかっていなさる旦那」だが、『鬼平犯科帳』に見られるごとく、強盗殺人などに対する探索と追及は峻烈を極め、盗賊たちからは〝鬼〟と恐れられている。しかし、江戸の庶民たちが鬼平を恐れていたわけではなかった。

三重野は金融引き締めを堅持することを強調し、バブル経済で肥大した企業を〝退治〟することを目指した。

こうした三重野に対し、「一にフセイン、二に三重野、三、四がなくて、五に海部（俊樹、当時の首相）」と、彼を株価下落の犯人扱いする声が証券界を中心として広がった。

つまり、低金利のカネ余りの下、地上げ、株上げで存分に甘い汁を吸った人たちが、三重野に非難の矢を向けたのである。

そして三重野を、元大蔵事務次官で日本輸出入銀行総裁だった山口光秀に交代させようという動きが出てくる。

「鬼の三重野」では具合が悪いから「ホトケの山口」にスイッチしようとしたのだが、誰にとっての鬼であり、誰にとってのホトケなのかということである。

安倍に抜擢された黒田と、特に政府筋やバブル企業から〝鬼〟と恐れられた三重野を比較すれば、現在の日銀がいかに中央銀行としての独立性を失っているかがわかるだろう。

不動産王と言われるトランプが大統領になって、アメリカ経済とそれに従属する日本経済は必然的にバブル化すると思われる。

それに対する厳しい警告がこの本である。

浜さんは『さらばアホノミクス』（毎日新聞出版）で、「エコノミストの声は、荒れ野で叫ぶ声だ」と言っている。

〝どアホノミクス〟の日本はさらに荒れ野化するだろう。そして私たちは少数派に追いやられるかと思われる。しかし、浜さんと共に私は「叫ぶ」ことをやめるつもりはない。私の好きな魯迅流に言えば、絶望の奥底で希望が生まれることを信じているからである。

二〇一六年一一月

佐高 信

1945年、山形県生まれ。慶應義塾大学法学部卒。高校教師、経済誌編集者を経て、評論家に。『週刊金曜日』編集委員。近著に『自民党と創価学会』(集英社新書)、『偽りの保守・安倍晋三の正体』(岸井成格氏との共著、講談社＋α新書)、『メディアの怪人　徳間康快』(講談社＋α文庫)など

浜 矩子

1952年、東京都生まれ。一橋大学経済学部卒。三菱総合研究所初代英国駐在員事務所所長、同社政策・経済研究センター主席研究員などを経て、同志社大学大学院ビジネス研究科教授。エコノミスト。近著に『どアホノミクスへ　最後の通告』(毎日新聞出版)、『アホノミクス完全崩壊に備えよ』(角川新書)など

講談社＋α《プラスアルファ》新書　733-2 C

大メディアの報道では絶対にわからない
どアホノミクスの正体《しょうたい》

佐高《さたか》 信《まこと》
浜《はま》 矩子《のりこ》

2016年12月20日第1刷発行
2017年 2 月21日第6刷発行

発行者―――鈴木 哲
発行所―――株式会社 講談社
東京都文京区音羽2-12-21 〒112-8001
電話 編集(03)5395-3522
販売(03)5395-4415
業務(03)5395-3615

デザイン―――鈴木成一デザイン室
カバー・帯写真―――村田克己(講談社写真部)
カバー印刷―――共同印刷株式会社
印刷―――慶昌堂印刷株式会社
製本―――株式会社若林製本工場

ISBN978-4-06-272977-2

講談社+α新書

ネオ韓方 女性の病気が治るキレイになる「子宮ケア」実践メソッド
キム・ソヒョン
元ミス・コリアの韓方医が「美人長命」習慣を。韓流女優たちの美肌と美スタイルの秘密とは!?
840円 710-1 B

中国経済「1100兆円破綻」の衝撃
近藤大介
7000万人が総額560兆円を失ったと言われる今回の中国株バブル崩壊の実態に迫る!
760円 711-1 C

会社という病
江上剛
人事、出世、派閥、上司、残業、査定、成果主義……。諸悪の根源=会社の病理を一刀両断!
850円 712-1 C

GDP4%の日本農業は自動車産業を超える
窪田新之助
2025年には、1戸あたり10ヘクタールに!! 超大規模化する農地で、農業は輸出産業になる!
890円 713-1 C

中国が喰いモノにするアフリカを日本が救う 200兆円市場のラストフロンティアで儲ける
ムウェテ・ムルアカ
世界の嫌われ者・中国から"ラストフロンティア"を取り戻せ! 日本の成長を約束する本!!
840円 714-1 C

インドと日本は最強コンビ
サンジーヴ・スィンハ
天才コンサルタントが見た、日本企業と人々の「何コレ!?」——日本とインドは最強のコンビ
840円 715-1 C

血液をきれいにして病気を防ぐ、治す 50歳からの食養生
森下敬一
なぜ今、50代、60代で亡くなる人が多いのか? 身体から排毒し健康になる現代の食養生を教示
840円 716-1 B

OTAKU《オタク》エリート 2020年にはアキバ・カルチャーが世界のビジネス常識になる
羽生雄毅
世界で続出するアキバエリート。オックスフォード卒の筋金入りオタクが描く日本文化最強論
750円 717-1 C

男が選ぶオンナたち **愛され女子研究**
おかざきなな
なぜ吹石一恵は選ばれたのか? 1万人を変身させた元芸能プロ社長が解き明かすモテの真実!
840円 718-1 A

阪神タイガース「黒歴史」
平井隆司
伝説の虎番が明かす! お家騒動からダメ虎誕生秘話まで、抱腹絶倒の裏のウラを全部書く!!
840円 719-1 C

ラグビー日本代表を変えた「心の鍛え方」
荒木香織
「五郎丸ポーズ」の生みの親であるメンタルコーチの初著作。強い心を作る技術を伝授する
840円 720-1 A

表示価格はすべて本体価格(税別)です。本体価格は変更することがあります